もっとよくわかる思考実験

北村良子

イースト新書Q

Q094

はじめに

思考実験とは頭の中で行う「考える実験」である。思考実験の多くには正解がない。さらに、思考を組み立てるために使える計算式やデータ、根拠もそれほど用意されていない場合が多い。そんな中で、自らの意見を、頭の中で組み立てていくのが思考実験なのである。

正解がないと聞くと、必ず「正解がないものを考えても仕方がない」という声が出てくる。しかし、現実に起こる様々な出来事への対処や、未来のために今行う行動など、何かをしようと思ったときに、これをすれば間違いはないという明確な正解がない場合のほうが圧倒的に多い。正解がない問題に対して自分なりの意見を持つ方法は、なかなか学校生活の中で教えてもらう機会も少なかったのではないだろうか。

私はパズル作家として活動する中で、「考えることを楽しむ」という共通の性質を持った思考実験に出合った。思考実験には、「ジャガイモのパラドックス」や「モンティ・ホール問題」など、パズルのようなものも多く、接点も多いのだ。思考実験は哲学に分類される問題が多いが、私は哲学者ではなくパズル作家なので、楽しく読んで考えてみるという点に重きを置いて執筆した。

いくつかの思考実験において、アンケートを行った。思考実験を行うと、自分はこう思うけれど、他の人はどうなのだろうと気になるものである。本書のいくつかの思考実験では、インターネットで200人にアンケート調査に答えていただき、その結果を集計した結果を掲載した。これによってあなたの答えが多数派に属するのか、それとも少数派に属するのかがわかるようになっている。もちろん、多数派だから正解というわけでもなく、あなたの答えを多数派のものに変える必要はない。あなたの答えとは違う答えを持った人の意見を見て、あなたの意見がすぐに変わったとしても、そこにネガティブな意味など全くない。自分の思考の揺らめきを楽しんでみるのも思考実験の楽しみ方の1つである。

思考実験を行った人からよく聞かれる言葉が、「自分がこう考えるとは意外だった」といった自分自身の再発見や、「もっと考えたい、面白かった」という考えること自体への好奇心だ。考えたことのない問題について想像し、自分の答えを探す行為は面白いものなのである。

あなたも本書のページをめくって、思考の旅に出発してはいかがだろうか。

きっと意外な自分に出会う少し奇妙な旅になるだろう。

●目次

1 チューリング・テスト

人とAIの境界線はどこか？

時は2014年。あなたは最先端の実験が行われるという、都内にある研究所を訪れていた。行われる実験というのは「チューリング・テスト」と呼ばれるもので、姿が見えない相手に対していくつかの質問を行い、相手が機械か人間かを見抜くテストである。フリーワードで文字入力をして質問をすると、それに対する返答が、モニターに文字で表示される。つまり、声や会話の間合いを知ることはできない。

たとえば、チャットボットには「男子高校生のダイスケ」というようにある程度の設定がある。この場合、質問をすると、チャットボットの「男子高校生のダイスケ」か、人間の男子高校生が返答をすることになる。

そして、3割の人を騙せた機械は合格の称号を手に入れることができるのだという。

あなたは、実験参加者募集にハガキでなんとなく応募したところ、当選したため、この場所に来ていた。

あなたが会場を歩いていると、〝人の知能を持つ機械は現れるのか!?〟というキャッチコピーが掲げられていた。その近くに配置されている係員を見つけ、あなたは声をかけた。

「あ、すみません。14時からのテストに質問者として参加するのですが」

係の人はスムーズに案内をしてくれた。

「いやー、ちょうど午前中にテストしていたマモル君は不合格でしたよ。設定は〝大阪弁を話す7歳の少年〟だったのですが、作りが甘かったみたいですね〜。次は13歳の外国から来た少女という設定みたいですよ。モカという名前のようです」

「外国人……？」

「ええ。だから日本語はあまり話せないみたいで、それを踏まえたうえでの質問をしないとダメみたいですね。人間側に立つ人も、モカのように日本語は不慣れな少女が入っていています。どうなるんでしょうね？　ああ、ここです。こちらでお待ちください」

あなたはこう考えた。
日本語ペラペラだとばれやすいから、日本語があまり話せない設定にしたわけか。こうすることでこちらからの質問は簡単なものばかりになる。複雑なことを聞くと、「え？　ちょっとワカラナイ」とか言うんだろう。自分に与えられた時間はたったの5分間。これは間違える人もいるかもしれないな。

モカのチューリング・テストが始まった。
あなたを含め10人が次々とブースに入って、モカや日本語が不慣れな少女との会話を行っていく。

結果、あなたを含め7人はモカを機械と見抜いたが、3人がモカを人間と判定したため、モカは初めてチューリング・テストに合格した機械となった。

「モカは〝人の知能を持つ機械〟と認められました〜！」
高らかに右手を振り上げながら宣言する司会者を横目に、あなたは首を傾げた。

会話の相手は人か？　それとも知能を持つ機械か？

モカが合格したからといって、〝人の知能を持つ機械〟といえるのだろうか？

参加者は自分も含めこの分野に対しての素人ばかり。そして、騙す気満々の日本語があまり話せないという設定。でも、何十年か経ったら、本当に合格する機械も出てくるのかもしれないな。

それでは、チューリング・テストに完璧に合格と大多数が認める機械が現れたとしたら、〝人の知能を持つ機械〟といえるのだろうか？

解説

「チューリング・テスト」とは、1950年頃研究者の間で話題になっていた「機械が思考することはできるのか？」という疑問から生まれた実験方式である。この難題に対して、イギリスの数学者、アラン・チューリングは、この疑問を「機械は人のように振る舞えるか？」という視点に立って考えた。そして、「本物の人と機械を混ぜて、質問をしている相手が機械であるか見抜けるか？」という実験を思いついたのだ。

この思考実験では、日本語があまり話せない13歳の少女だったが、実際には、英語が不得意な13歳のウクライナの少年という設定の機械が、初めてチューリング・テストに合格したとされている。当時最先端のスーパーコンピューターによって作られたチャットボットで、2014年のことだ。少年は英語が不得意だから、文法が多少おかしくても判断材料として使えないし、複雑な質問を避けることができる。チューリング・テストに合格させることを目的として作られたようなAIだが、見事に参加者の3割強の人を騙すことに成功したという。ただし、このテストについては懐疑的な意見も多く、実際にどうだったのかには疑問が残る。あなたはきっと、たとえチューリング・テストに間違いなく合格したとしても、13歳のモカや13歳のウクライナの少年という設定のコンピューターは人の知能を持つ機械とは言えないと感じただろう。

さて、時を現在に戻そう。チャットGPTに代表されるように、現在は高性能なAIによるチャットボットがいくつも誕生している。もし、チューリング・テストを行ったなら、多くのチャットボットが合格するのではないだろうか。ネット上にあふれる膨大な情報から人間らしく振る舞うことを覚えたチャットボットは相当手ごわいはずだ。

仮にASAHIというチャットボットがあるとしよう。ASAHIとチャットで会話をすると、大多数の人が「これは人間だ」と判断する。ASAHIは21歳の大学生という設定で、歴史に詳しい。しかし、人間のように振る舞うために、歴史についてわからないこともあるという設定になっている。大学生が好みそうな言葉遣いをし、どう会話をしても人のように感じる。これは、機械が思考をしていると考えていいのだろうか？　人の知能を持つ機械なのだろうか？

この問題を考えるためには、思考や知能とは何なのかを考えることから始めないといけない。辞書で「思考」を調べると、「考えること」と出てくる。「知能」は理解すること、判断すること、思考することなどと書かれている。「判断」とは、自分の考えを定めることである。全体的に「考える」ということがキーワードになりそうだ。「考える」とは思いを巡らせることであり、そこには必ず感情が入り込む。感情抜きで考えることはできないと思っていい。機械は感情を持って思いを巡らせることはしないだろう。すると、機械は「考えて」はいないと考えられる。すべてはプログラムで成り立っていて、情報を元に膨大な量の計算を繰り返しているのだ。

そんな機械がついに創作を始めたものだから、世間はざわついた。チャットGPTは、まるで人が創作したような絵を一瞬で作り出す。こちらからイメージを伝えるだけで、一瞬で美しい絵が画面に表示されるのだ。さらに、人が書いたような読書感想文や論文を一瞬で書き上げてしまう。小説だって書ける。筆者が試しに作詞をチャットGPTにお願いしたところ、一瞬で作り上げてくれた。出来栄えはイマイチだったが、創作の起点を作る手助けにはなるのではないかと感じた。きっと、これからどんどん精度が増してくるのだろう。

今まで、絵を描くことや文章を書き上げることは、人だけの能力だと思われていた。しかし、芸術的な分野にまでＡＩが入り込んできていることを実感せずにはいられない。そのうち、自宅に飾る絵は自分で創るもの、読みたい小説は自分の好みに創るもの、という時代が来るのかもしれない。ただ、そうなったとき、ＡＩに学習され、そのタッチまで盗まれた画家や、小説家は黙っていないだろう。実際にＡＩを開発した会社を訴える事例も相次いでいる。ＡＩと著作権の問題は今始まったばかりだ。今後を注視したい。

ところで、チューリング・テストに問題なく合格したからといって、ＡＩは人の知能や思考を完全に再現できているのかというと、そうではない。ＡＩは膨大なデータから抽出した情報を用いて作品や発言を作り出す。学習したデータが膨大になるほど精度が増していくが、そもそも私たちはＡＩに「人の知能や思考を完全に再現」することを望んではいないだろう。チューリング・テストに合格するようなチャットボットの使い道を考えると、悪い予感がしてこないだろうか？　ＡＩは人間と異なり、何の感情もなく人を騙《だま》すことができる。罪悪感もなければ興奮もなく、文字通り機械的に恐ろしいスピードで作業を続ける。そして、焦りもしないからじっくりと時間を掛けて距離を詰めることもできる。ＡＩを利用した犯罪が急速に増えているが、私たちはその危険性を十分に理解できているとはいえないだろう。それだけＡＩの進化は目覚ましい。

また、ＡＩが進化していく一方で、こんな懸念が叫ばれている。

「人の思考力がＡＩによって奪われる」

機械に人の思考力が奪われてしまえば、それをまた機械が補うことになり、人の思考力はさらに衰えてしまうのかもしれない。しかし、ＡＩは人の創造力を刺激して、思考力を高めるとも思える。要するに使い方次第だ。

あなたはＡＩに何をどこまで望むだろうか？　人の思考力はＡＩによってどう変わるのだろう？　もし、あなたの相棒としてチューリング・テストに余裕で合格する、あなた専用のＡＩチャットボットが与えられたとしたら、どんな使い方をしたいか、少し考えてみてほしい。きっと、ＡＩには真似できない創造の世界があなたの脳内を駆け巡るだろう。

2 ザ・バイオリニスト

命を救えるのはあなただけ

あなたはある日、会社からの帰り道、人気のないいつもの道を歩いていた。すると、突然何かで口をふさがれ気を失った。

数時間が経ち、あなたは意識を取り戻した。

（頭がボーっとする。ここは……ベッドの上？　私は今、病院にいるのだろうか？）

そんなふうに考えながら、ようやく目を開けて自分の状況を確認する。いくつかの機械が動いている。体のどこかに繋《つな》げられているのか、緑色の管が出ている。

「病院にしては様子がおかしい。ここはどこだ……？」

しばらくすると部屋のドアが開き、50代くらいの女性が入ってきた。

「ああ、お目覚めですか。手荒なことをしてしまってすみません。我々は世界の宝ともいうべきバイオリニストを守るために集まりました。あなたはまさに救世主！」

「何のことだかさっぱり。ここはどこなんですか？」

一刻も早くベッドから飛び降りて帰りたかったが、自分が何をされているのか、彼らが自分をどうしたいのかわからない。ここは冷静になって情報を得ることを優先しようと考えた。

「ここは秘密基地です。ずっとあなたを探していました。彼に力を貸してください。たったの9か月でいいのです。このまま彼と繋がっていてくれさえすれば、彼は救われるのです！　新薬が確実に9か月後に出来上がるのですから！」

「新薬？　彼……？　ああその世界の宝というバイオリニストですか？」

あなたはあたりを見回すと、少し離れた隣のベッドに男性が横たわっている。深く眠っているようだ。男性にも管がいくつか取り付けられている。その中の1本が自分と繋がっているようだった。

女性の話では、このバイオリニストは稀な病に侵され、余命いくばくもない。さらに非常に珍しい血液型なのだ。同じ血液型の人の助けを借りれば命を長らえることができ、その間に新薬が開発されて、男性はその薬で完治するのだという。

自分はバイオリニストの男性と奇跡的に血液型が一致し、ここに連れてこられたらしい。女性たちは、一連の活動を無償で行っていて、資金はない。だから自分に支払うお金はないのだという。完全にボランティアだ。ただし、9か月間の食事のサポートなど、必要なことはしてくれるようだ。

「もし、あなたが帰ってしまったら、このバイオリニストは死にます。あなたが彼を殺すことになってしまうのです。どうぞ力を貸してください」


さて、あなたならどうする?

あなたにはこのバイオリニストと9か月繋がっている義務はあるだろうか?

あなたがバイオリニストと繋がることで、あなたが病に侵されたり、体調を崩したりすることはなく、新薬は予定通り9か月後に完成することがわかっているものとして考えてほしい。なお、断ったからといって報復などはない。

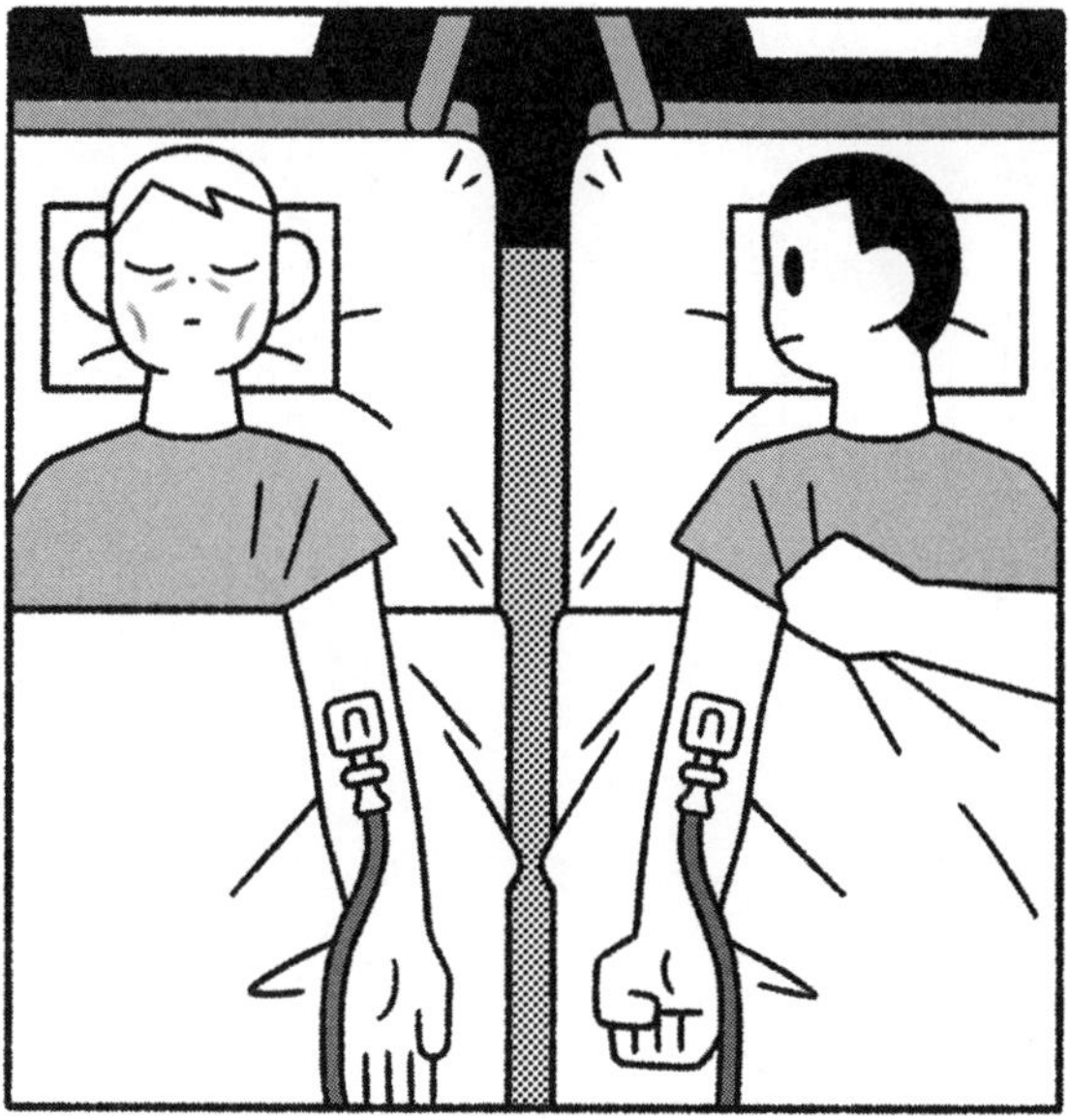

有名人を救うために自分の9か月を差し出せる？

解説

思考実験「ザ・バイオイニスト」は、アメリカの哲学者、ジュディス・トムソンによって作られたもの。他者の生命に自分が大きく関わっていることがわかっているとき、どこまで責任を持つ必要があるのかを考える思考実験である。

バイオリニストはあなたの存在がなければ死に至る。バイオリニストの命はあなたに完全に依存している状態で、あなたの選択でバイオリニストの生死が決まってしまう。この依存関係は胎児と妊婦の関係を表している。ジュディス・トムソンは、望まない妊娠をした女性が出産する義務があるかを問うために、この思考実験を提唱した。

バイオリニストを助けようとすると、9か月もの長い間、自由を奪われてしまうことになる。しかし、断ることで1人の命が失われると考えると、簡単な選択ではないだろう。バイオリニストの命と自分の9か月を天秤にかけたとき、あなたの思考に何が起きるだろうか？

筆者が200人にアンケートを取ったところ、44人（22%）が「9か月このまま繋がって過ごす」と回答した。その理由としては、「人の命がかかっているから」「自分が助けられるなら助けたい」「9か月なら何とか我慢できそう」といった、人命優先で善意から救うことを選ぶ理由が多くを占めた。「自分のせいで1人の命が失われると後悔する」という義務感に近い意見もあった。他には、「バイオリニストが復活すれば恩恵にあずかれるのでは？」という打算的な回答もあった。この時点ではボランティアであるものの、当の本人であるバイオリニストは深く眠っているのだから、いざ命の恩人ともなれば、本人からのお礼が見込める気がする。普通の感覚なら、何らかの用意はしたくなるものだ。少なくともコンサートのVIP席は確保できそうだ。もしかしたら超有名バイオリニストの友人という肩書を得られるかもしれない。

後悔という視点でもう少し考えてみよう。9か月という長い時間をバイオリニストに捧げるとしたら、人の命に対しての後悔はせずに済むだろう。しかし一方で、その間にできたこと、稼げたお金、成長の機会など、多くの犠牲を払うことに対して別の後悔が生まれるかもしれない。

多数派である「断って帰る」を選んだのは156人（78％）だった。「他人のために9か月拘束されるのは嫌だ」「違法な拘束をする相手に協力できない」「無償だから」「仕事ができなくなるから」「自分にデメリットが多すぎる」などが回答の中心となった。

無償であり、9か月という長い時間あなたの自由を拘束するのだから、あなたの善意に甘えたお願いであることは確かである。そして、命という他には代えられない重いものをあなたに委ねてくるのである。あなたの意志に関係なく当事者としてしまうのだから、なかなかずるい方法だと思える。しかも、事前の話もなく報酬もないというのは、自分という存在を軽んじていると感じられるだろう。これではあなたのメリットがなさすぎる。最大のメリットはバイオリニストの命が助かることだが、そこにどこまでの価値を見出せるか、自分の9か月の自由を差し出せるかと考えると、現実問題として難しい場合が多いだろう。

ただ、この選択をした場合、あなたは自分の意志で部屋を出ることになる。9か月後、新薬の完成を複雑な心境で迎えることになってしまうのは仕方のないことだろう。もしかするとバイオリニストの未来を思って、自責の念に駆られることになるかもしれない。

哲学者のトムソンは望まない妊娠をこの思考実験に例えたのだから、無理やりであり、報酬などない設定としたのだろう。そして、トムソン自身はバイオリニストを助けない選択をすることは許されると答えている。

バイオリニストは不幸にも稀な病に侵され、加えて稀な血液型であった。あなたの助けがなくては命を落としてしまう。それでも、トムソンは、あなたが9か月の自由を奪われる必要はないと考えている。

アンケートの回答の中には、「バイオリニストを自分が殺してしまう」と、9か月繋がったままにするという選択をした人が複数いた。しかし、果たしてあなたが「殺してしまう」のだろうか。バイオリニストは、冒頭の物語の50代の女性たちがあなたを見つけなかったとしたら、助かることはなかったのである。あくまで助からないのであり、殺すわけではないだろう。

もし、事前に「あなたの血液で、バイオリニストを助けることができます。金銭的に苦しく報酬はお支払いできませんが、食事など身の回りのことはいたします。9か月間、あなたとバイオリニストを管で繋ぐことで新薬の開発が間に合い、バイオリニストは生還できます。あなたの協力がないとバイオリニストは死んでしまうのです。力を貸していただけませんか？」と説明を受けていたとしたらどうだろう。これなら断ることが「殺す」のではなく、「助けない」ことであるとわかりやすくなるのではないだろうか？

あなたの選択はどちらだろうか？　もし、バイオリニストを助ける選択をするなら、助かったバイオリニストに何を望むだろうか？　もし、助けない選択をするなら、どんな条件なら助けるだろうか？　あなたの線引きがどこにあるのかをよく考えてみると、新しい自分に出会えることもありそうだ。

3 功利の怪物

幸せを感じやすい人が優先される世界

ある国で新しい王が誕生した。王はこの国を世界一の幸せな国にすると断言した。そして、こんなルールを考案したのだ。

「この国を世界一の幸せな国にするためには、全体の幸せを常に最大化することを考える必要がある。たとえば、ここに1つのパンがある。このパンを食べて、一番喜ぶのは誰だろう？　すべての国民がこの思考を大切に生活していけば、必ずこの国の幸福度は上がっていくはずだ。大切なのは、全体の幸せ、つまりは幸せの総数を常に最大化することだ」

王はかなりの熱量で演説を行い、その本気度は国中に伝わった。

そのため、街を歩けばあちこちに「幸せの総数を常に最大化しよう」という標語を目にするし、政府のCMからもしょっちゅう流れてくる。

この国に暮らすマチアスは、ケーキ屋を営んでいる。

「たしかに自分は、どんなケーキを作ればみんなが喜んでくれるのかを第一に考えている。みんなが喜んでくれれば商品は売れるのだから、結果としてオレも幸せになれる。幸せの総数を常に最大化するように考えるのはいいことかもしれない」

すると、マチアスの娘のエレナはこんなことを言い出した。

「幸せの総数を常に最大化するのね。今日、ママがシュークリームを3つ買ってくれたけれど、3人の中でシュークリームが一番好きなのは私。次がママだと思う。ということは、パパのシュークリームは私にくれたっていいんじゃないの？　そのほうが幸福度は上がるわ」

「おいおい、それじゃあパパの幸福度は下がるだろう？」

「だって、パパから減った幸福度より、私に増えた幸福度のほうが大きいでしょう？幸せの総数は私が食べたほうが大きいのよ」

マチアスは考え込んでしまった。

「パパが食べるより、私が2つ食べたほうが幸せが大きいよね！」

確かにエレナの言う通りではある。シュークリームはおいしいけれど、エレナは自分の5倍くらいおいしそうに食べるのだ。しかし何かすっきりしない。

「いやいや、エレナ。パパがシュークリームを食べられないのはエレナのせいになっちゃうぞ。エレナはパパにもシュークリームを食べてほしいだろう？」

「パパ〜！　本当にもらおうなんて思ってないよ。幸せの総数を常に最大化なんて言うから、ちょっと言ってみただけ。でも、少しちょうだいね」

エレナのいたずらっぽい笑顔にマチアスは安堵した。

常に幸せの総数を最大化する選択をすることで、世界一の幸せな国は誕生するのだろうか？

解説

イギリスの哲学者ジェレミー・ベンサムは、個人の幸福の総計が社会全体の幸福と考える「最大多数の最大幸福」を追求することが正しいことだと論じた。この功利主義を考える材料として使われるのが「功利の怪物」という思考実験で、今回の物語は、「功利の怪物」を元に作られたものである。

功利の怪物は、人の1000倍もの喜びを感じる空想上の生き物として描かれている。ここに、10人と1匹の功利の怪物がいて、クッキー1枚があったとする。このクッキーを誰にあげるべきだろうか？　一番喜ぶ功利の怪物にあげるのも悪くない選択肢と考えるかもしれない。とにかくものすごく喜ぶのだから、残りの10人もあげてよかったと思えそうだ。では、クッキーが11枚あったらどうだろう。当然のように、1人1枚と考えるのが普通だろうが、社会全体での幸せを最大化するのなら、すべて功利の怪物にあげるのが正解ということになる。なにしろ、人の1000倍の喜びを感じるのだ。もし、人がクッキーを食べたときの幸せを2と数値化するなら、功利の怪物の喜びは２０００だ。11枚食べたら２２０００。全員が１枚ずつ食べたとしたら、２０００＋２×10＝２０２０となる。幸せを最大化するなら、どう考えても11枚を功利の怪物にあげたほうがいい。しかし、この考え方は何か引っかかるところがあるだろう。それは何かということを考えていこう。

マチアスがエレナにシュークリームをあげれば、その時点でのマチアス一家の幸福度は最大化すると考えられる。エレナはマチアスの5倍喜ぶのだから、マチアスが食べるよりもエレナがマチアスの分も食べたほうがいい。しかし、これはマチアスの少しの我慢で成り立っている幸福である。

誰かの大きな幸福のためであっても、誰かの幸福度が下がってしまうやり方は多くの不満を生んでしまい、なかなかうまくいかないものである。功利の怪物は、ベンサムの唱えた功利主義が本当に正しいのかを深く考えるため、主に批判のために作られた思考実験である。

たとえば、マチアスがクリスマスにケーキを持って孤児院を訪れたとする。明らかにケーキに対して目を輝かせている少女がいる。仮にその子にすべてのケーキをあげたときが幸せの総数が最も高くなるとしよう。さて、その少女にすべてのケーキをあげるべきだろうか？　ほとんどの人は、他の子どもたちがかわいそうだと感じるだろう。

もう1つ考えてみよう。今度は、1人以外はケーキが大好きであったとする。その1人だけにケーキをあげなかったとしたらどうだろう。それはもう、周囲から「そんな意地悪をするのなら、クリスマスのケーキなんて持ってくるな」という批判の声が聞こえてきそうである。もし、あなたがケーキをもらえなかった1人だったとしたら、そのときケーキが食べられなかったこと以上の大きな負の感情が長い間残り、その人の人格さえ左右しかねないだろう。

ところで、先程の話では功利の怪物は娘のエレナということになる。マチアスが実際にエレナに自分のシュークリームをあげたとしよう。そしてエレナは大喜びをして、マチアスに幸せいっぱいの表情でお礼を言い、マチアスの5倍おいしいと感じながら、シュークリームを頬張る。これを見たマチアスはたぶん不公平なんて感じないだろう。エレナの幸福度が伝染して、シュークリームを食べるエレナ以上に幸福になるかもしれない。これなら誰も不幸にならないのだから、うまく個人の幸福の総計が最大化したことになる。

また、ペットに自分のおやつを食べられてしまったとしても、仕事を邪魔されたとしても許せてしまうかもしれない。ときにはそんなペットに癒やされてしまったりもするだろう。こう考えると、功利の怪物にあげることはときとして正しい行為ともいえる。

ただ、こんなふうにうまくいくのは家族や恋人、ペットなど、ごく身近なケースだけだ。たいていの場合、不公平による負の感情は雪だるま式に大きくなってしまうものだ。

ベンサムは、幸福度について快楽の強さを7つの要素に分けて計算しようと試みたが、クリスマスのケーキやエレナのシュークリームの例など、ベンサムの言う個人の幸福の総計を計算するのは非常に難しいものである。人の感情は計算できるほど簡単なものではない。

現在はSNSが普及して、誰かの幸せが広範囲に伝染する。知らない誰かのSNSを見て、感動したり楽しくなったりした経験がある人も多いだろう。一方で人を不幸にする情報も拡散される。知らない誰かのSNSを見て嫌な気持ちになった経験は誰しも一度くらいあるものだろう。幸福度の計り方はさらに難しくなっている。

さて、あなたがこの国の王の側近だったとしたら、どんな方法で社会全体の幸福度を最大化するだろうか？　また、あなた自身の幸福度を最大化するために、どんな社会を望むだろうか？

4

箱の中のカブトムシ

その箱の中身は本当にみんなと同じもの？

ラナ、リナ、ルナ、レナ、ロナの5人が、それぞれ1辺が30㎝の箱を持って立っている。

「この箱の中にはカブトムシが入っているわ」

ラナが言う。

「私の箱の中もカブトムシよ」

と、リナ。

「ええ。カブトムシが入った箱を持っています」

ルナの持つ箱の中身もカブトムシのようである。

レナ、ロナもそれぞれ自分の持っている箱の中にはカブトムシが入っていると話した。それぞれの箱はヒミツの箱であり、自分以外に見せようとはしない。

「リナの箱の中身は本当にカブトムシなの？」

ラナが聞くと、リナは自信たっぷりに「もちろん」と答えた。

「どうしてカブトムシだと思うの？」

再びラナが聞く。

「だって、どう見てもカブトムシだから」

リナはもう一度自信たっぷりに答える。


実はそれぞれの持つ箱の中身は異なっている。

しかし、５人は誰もウソをついていない。自分の持つ箱の中身は疑いようもなくカブトムシなのである。


「私の箱の中身は確かにカブトムシだけど、後の４人の中身は私の箱に入ったカブトムシとは違うかもしれないね」

ルナがラナたち４人の箱に順に視線を送ってからそう言うと、他の４人も自分の箱以外の中身の「カブトムシ」に疑いを持っているようだった。

「疑われても、私の箱の中身は確かにカブトムシだとしか答えられないわ」

そう言うと、レナは自分の持つ箱の中身を覗き見た。

「間違いなくカブトムシよ。私の箱の中身は間違いない」

5人の箱を眺めながら、ロナが口を開いた。

「ヒミツの箱の中に入れている限り、自分以外の人の箱の中身がカブトムシかどうかなんて絶対にわからないよ」

このカブトムシとは何なのだろう。

私たちはカブトムシの入った箱のようなものを持っているのだろうか？

「私の箱の中は間違いなくカブトムシよ！」「本当〜？」

解説

「箱の中のカブトムシ」は、オーストリア出身の哲学者、ルートヴィヒ・ウィトゲンシュタインが痛みの認識について言及する中での用いたものだ。

5人は、それぞれに自分が持っている箱の中身は「カブトムシ」だと話している。5人はウソをついてるわけではなく、箱の中には「カブトムシ」が入っていると確信している。

では、ラナの視点で考えてみよう。ラナの持つ箱の中には「カブトムシ」が入っている。ここでは、ラナの箱の中身は本当にあの昆虫のカブトムシであるとして考えてみる。そして、ラナからはリナ、ルナ、レナ、ロナの持つ箱の中身は一切見えない。どうやら「カブトムシ」が入っているようだが、ラナにとってはそれが本当かどうかはわからない。

リナが持つ箱の中身はカブトムシのぬいぐるみだったとしよう。カブトムシのぬいぐるみをカブトムシと言ってもおかしいことはないが、ラナの考えているカブトムシとは違う。さらに、ルナの持つ箱の中身は輪ゴムだったとしよう。もはやカブトムシの形でもない。しかし、ルナは輪ゴムのことを「カブトムシ」だと思っている。ラナはルナの箱の中身を見ることはできないから、ルナの箱の中身はわからない。レナの持つ箱の中身は空っぽだったとしよう。レナは空っぽの箱の中にカブトムシを感じている。ロナの箱の中には、「カブトムシ」と書かれた紙が1枚入っていたとする。確かにカブトムシではあるが、生き物ではなくなっている。

5人はそれぞれが自分の持つ箱の中身はカブトムシだといい、誰もウソをついていない。しかし、それぞれの考える〝カブトムシとは何か〟は全員異なっているようである。

これは、私たちの日常の中でよく起きる現象である。

ある2人が喫茶店で話しているが、話している1人だけが盛り上がっているように見えたとする。聞いている1人は時折首を傾げている。多くの人はこの2人の話し手側も聞き手側も経験済みだろう。もちろん筆者も何度も経験がある。話し手は箱の中がはっきりと見えているから饒舌に語るが、聞き手は話し手の持つ箱の中が見えないからどうもついていけない。

ウィトゲンシュタインが言うように、痛みなどの感覚も箱の中に存在する。どんなに痛みを説明されても、実際にその痛みを感じることはできないのだから、理解に必ずずれが生じる。お互いが想像する痛みは確実に異なっているのだ。たとえ同じ強さの痛みを複数の人が同時に受けたとしよう。その痛みに対して、ある人は悶絶する痛みと感じ、ある人は鈍い痛みと感じ、ある人は大したことない痛みと感じ、ある人は少し心地よさを感じるような痛みと感じるかもしれない。全く同じ痛みであっても人それぞれその痛みの感じ方は違う。感じ方が違うのだから、その痛みを説明しようとしたときの言葉選びも違う。同じ痛みを説明しているのに、全く違う言葉が出てくるのだ。感覚とはまさに箱の中のカブトムシである。

また、富士山のように日本人の誰もが世界遺産のあの山であると認識できる単語でさえ、人によって捉え方は異なる。ある人は写真で見る雄大な山を想像し、ある人は実際に体験した観光客で混み合う山道を想像し、ある人は自宅から遠くに小さく見える山を想像する。このように、想像する映像は十人十色だ。先日、筆者のよく知る市の名前が1枚の写真と共にテレビに表示された。それは、筆者の箱の中にあるイメージとはかけ離れた風景で、この写真を選んだ人の箱の中にはこんな風景があるのだと驚いたものだ。それだけ人それぞれに箱の中は異なる。

私たちは普段、相手が持つ箱の中を理解しようと努めながら会話をしている。相手の持つ箱の中を推察する能力は、私たちが生きていく中で大切な能力だが、これがなかなか難しい。

「ほら、アレがさあ」と代名詞を使われてしまうと箱の中を推測するのには困難を極める。これが「こってり濃厚なアレ」になると、ラーメンやスイーツが相手の持つ箱の中身の候補として浮かび上がる。「ド派手な豚骨醬油ラーメンだったんだよ」と伝えられると、それなりに箱の中を想像することができる。たぶん比較的大きめでチャーシューやら野菜やらのトッピングがたくさん乗っているのだろう。卵が半分に切られていて黄身の黄色が見えているのだろう。そして、ついに「ほら、これ！」とスマホに収められた豚骨醬油ラーメンの写真を見せられると、ずいぶん箱の中は見えやすくなる。後日、あなたが実際にそのラーメンを食べたとすると、相手の箱の中にかなり近づくことができるだろう。それでも完全に箱の中を知ることはできない。味や見た目などから得る感覚は「箱の中のカブトムシ」だからだ。

あなたが持つ「箱の中のカブトムシ」を相手に伝えるために頼りになるのが言葉である。映像や画像を使える場面はそう多くはない。そして、その言葉もたくさんの「箱の中のカブトムシ」を並べたものなのだから、伝えるのには苦労する。当然ながら、筆者も本書の中でたくさんの「箱の中のカブトムシ」を並べている。それでも、言葉は相手に自分の伝えたいことを伝えるための最良のツールだ。それをうまく使いこなせるように、自分の「箱の中のカブトムシ」をなるべく相手に伝えられるように、思考力を高めていきたいものだ。

5 便器の中の蜘蛛

当事者の幸せとは何だろう

築50年になる民家に暮らすエーリクは、ようやく社会人としての一歩を踏み出せた実感をかみしめていた。

「念願だったホテルの仕事に就くことができた。お客様のために何をしたらいいのか、考えて行動していかないとな」

その日もエーリクは張りきって周囲に気を配っていた。具合の悪そうな客の体調を気遣い、何かを探している人の手伝いをし、得意のスペイン語を活かして外国からの客のサポートをした。

ある日、エーリクは自宅の便器に蜘蛛《くも》がいることに気が付いた。

「おやおや、こんなところにお客様だ。ここは古いし掃除前できれいじゃないから外に出してあげよう。ほらほら、こっちだ」

エーリクは、道路沿いにある1階の窓からそっと蜘蛛を逃がしてやった。

「お客様のためを考えるのが僕の仕事なんだ。どんな出来事にも動じずに最善の対処をするのさ」


逃がした蜘蛛はすぐそばの道路に出ていった。

しばらくその蜘蛛を目で追っていたエーリクは、とんでもない光景を目にすることになる。通学中の生徒の集団が目の前の道路を通っていき、蜘蛛は誰かに踏まれて死んでしまったのだ。

「あっ……。お客さ……おい」

エーリクは道路沿いの窓から逃がしたことを少し後悔した。

「道路に出ることないだろ……。右に進めば空き地だったのにさ。蜘蛛にはそっちのほうがいいのに、なんで道路に行ったかな。空き地に近い東の窓から外に出すんだったな……」


今回の失敗を踏まえて、エーリクは最善の対処のために考えが足りなかったことを

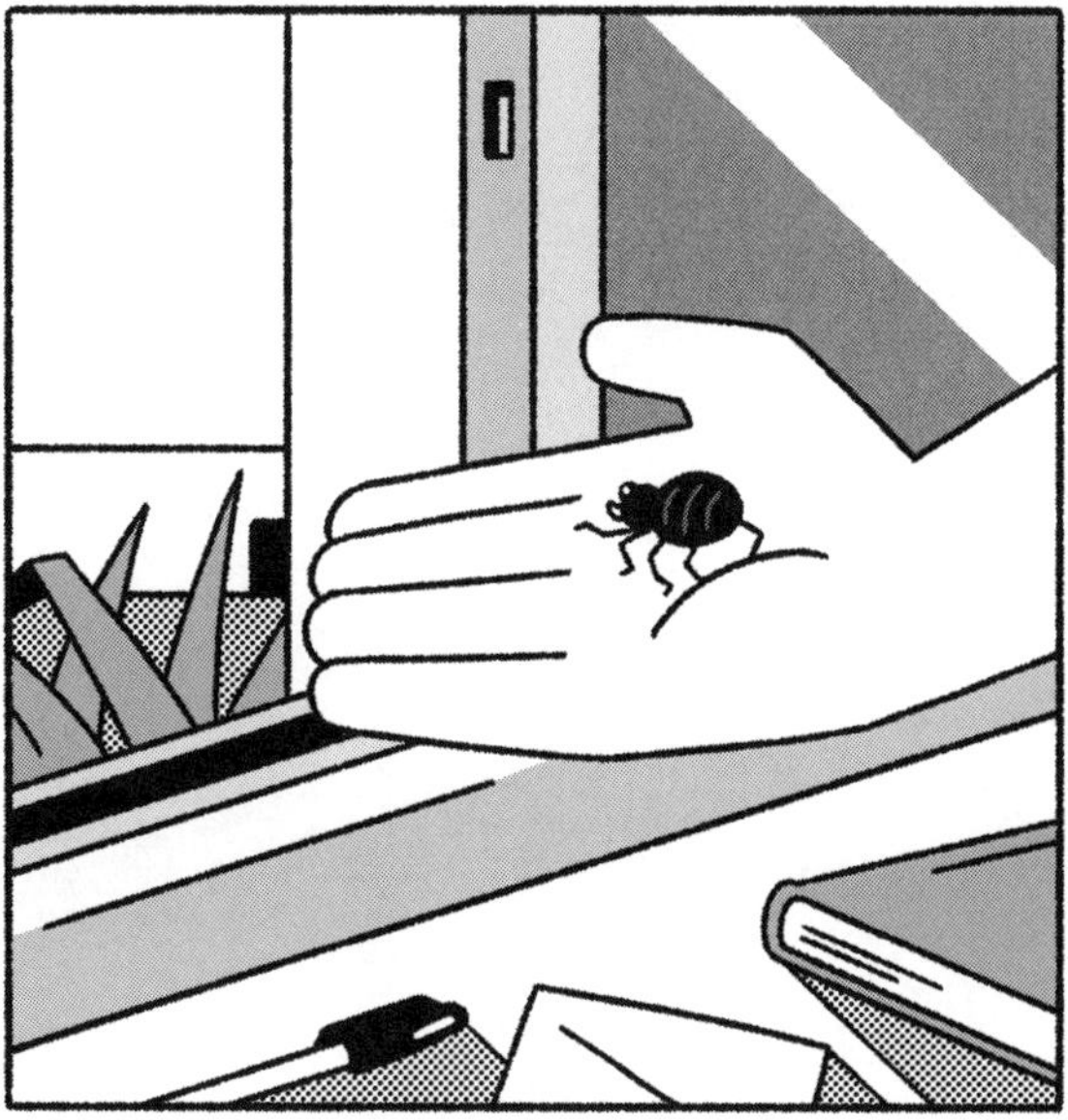

トイレの外に逃がしてやるのは本当に蜘蛛のためになる？

反省した。

「すべて仕事に活かしていこう。今回は一番いい選択ができなかった。結果として蜘蛛は死んでしまった。これでは余計なおせっかいだ。ホテルのお客様にも余計なおせっかいをしないように、気を付けないとな」

エーリクは、蜘蛛を空き地に近い東の窓から外に出すべきだったと考えたが、これは正しいことだろうか？

今回の話を聞いたあなたがエーリクの友人だとしたら、エーリクに何と言うだろう？

解説

この話は、アメリカの哲学者であるトマス・ネーゲルが提起した思考実験、「便器の中の蜘蛛」を題材にしている。蜘蛛を逃がしてやったことは蜘蛛にとって本当にいいことだったのか？「便器の中の蜘蛛」は、トマス・ネーゲルが、倫理的なジレンマとして実話を元に提起したものだ。

エーリクは、蜘蛛は便器にいるよりも家の外にいるほうがいいと考えた。そのためにエーリクは、蜘蛛のためにできることをした。便器にいた蜘蛛を傷つけないようにうまくつかまえて、そのまま窓の外にはなった。しかし、結果はエーリクの望んでいないほうに向かってしまった。

蜘蛛にとって、本当にエーリクの行動は助けになったのだろうか？　エーリクの行動を振り返ってみると、蜘蛛のためと言いながら、すべてエーリクの価値観で物事を捉えている。蜘蛛にとって便器よりも外のほうがいいと決め込んでいるが、果たしてそうだろうか？蜘蛛は自ら望んでようやく居心地のいい場所を見つけたのかもしれない。

人のモノサシでは蜘蛛の幸福を計ることはできない。エーリクは親切心から最善の行動をとろうと考えたが、それは蜘蛛にとって最善な行動なのかどうかはわからない。少なくとも今回のエーリクの行動は、おそらく蜘蛛にとっては余計な親切になってしまっただろう。

私たちは「普通はこうだろう」と、ついつい自分の価値観を基準として物事を捉えてしまう。広い世界の中のたった1人の思考なのだが、自分が常に主役だ。だから、判断の基準は自分目線になりがちだ。他人の思考も、自分というフィルターを通して推察するしかない。そんな私たちが蜘蛛という人以外の思考を計ることはまずできないだろう。

ところで、トマス・ネーゲルは、最もそれを想像しやすい生き物としてコウモリをピックアップした。同じ哺乳類でありながら、人と異なる特性を多彩に持っているコウモリの主観とはどのようなものなのか？

　コウモリは鳥類ではないのに完璧な飛行能力を持つ。そして、超音波を発して周囲の様子をうかがう。コウモリは超音波をどう感じ取っているのだろうか。ピーという音として感じるのか、私たちが目で見るように超音波が見えているのか、匂いとして感じるのか、それとも人間の五感にはない感覚として反応しているのか。それは私たちにはわからない。

　コウモリであることはどのようなことなのかを、人である私たちが想像するとどうなるだろうか？　おそらく、自分がコウモリになった様子を想像するだろう。逆さに木に止まることを想像して、血が頭に上ってクラクラしそうだと感じる。コウモリは夜行性なので、真夜中に飛行しているところを想像して、薄気味悪いと思うかもしれない。

　もちろんコウモリにとってそんなことはないはずだということはわかる。人ではなくコウモリなのだから、逆さに止まることも、真夜中に飛行することも当たり前のことなのだし、コウモリにとっては快適な生活なのだろう。しかし、コウモリの主観を知ろうとしても、どうしても人としての主観で想像するしかなくなってしまうのだ。

コウモリが感じている世界とはどのような世界なのか、もう一度想像してみてほしい。このとき、「私たちが見ている世界」を正解として考えていないだろうか？　本当は私たちが見えている世界が広がっているのだけれど、コウモリにはそのように見えていないのではないか？　そう考えてしまうのが、私たちの持つ人のモノサシによる思考なのだ。

結局、今見えている世界は、人が作り出した世界であって、世界は私たちの共通の認識によって存在している。蜘蛛やコウモリにも、蜘蛛が作り出した世界や、コウモリが作り出した世界があり、それを私たちが感じることはない。

私たちは、同じ人である他人の主観を知ることも難しいが、蜘蛛やコウモリと違って、人のモノサシを使って歩み寄ることはできる。ただ、それはすべて自分の主観による思考なのだということをうっかり忘れがちだ。寛容な思考を持って、他の誰かの主観と向き合いたいものだ。

6 無知のベール

ルールはどうあるべきか

ある日、あなたは人生の幕を閉じた。そして今、不思議な会議室にいる。

「あれ、生きている……？　いや、どうやらそういうことではなさそうだ。ここは今まで生活していた世界じゃない」

自分以外にもたくさんの人がいる。

しかし顔は見えないし、体もぼやけていて、人であることくらいしかわからない。

どうやらリーダーであるような人が話をしている。

「皆様、前世での生活、お疲れさまでした。ここは転生の前室です。あなた方はこれから生まれ変わります。記憶はゼロになり、能力も容姿も才能も人種も何もかも、前世とは関係なく新たに決まります」

あなたは、状況を理解しようと自分についてあれこれ思い出そうとするが、うまくいかない。どういう世界で生きたか、世の中にどんなニュースがあったか、どんなルールがあったかなどは思い出せるのだが、どうもすでに自分についての記憶は失っているようだった。

自分の体を見ようとしたが、なんだかよくわからない。自分の体の感覚もフワフワしていてつかみどころがない。「転生の前室にいる人」と言われると、その通りなのかもしれないと思えた。

「あなた方は生まれ変わる時代も場所も決めることはできません。ただ1つだけ希望を叶えて差し上げます。それは、〝能力者が優遇される世界〟か、〝救済が優先される世界〟かです。能力が優先される世界では、常に高い能力を持つ者が賞賛され優遇されます。救済が優先される世界では、常に弱者であると考えられる人への救済を最優先に考えます」

あなたはリーダーらしき人の言葉をかみ砕こうと努めた。

能力者が優遇される世界か？　どんな人でも救われる世界か？

能力者が優遇される世界は、高い能力を持つ人がたくさん出てきそうだな。努力のしがいもありそうだ。救済が優先される世界は、たとえ不健康な体でも能力に恵まれなくても、みじめな思いはしないで済みそうだ。

そのどちらかとは極端な気もするが、どちらかを選ぶならどちらだろう？

転生した自分は果たして能力に恵まれるだろうか？

それともハンディキャップに悩むだろうか？

さて、あなたの選択はどちらだろうか？

また、転生の前室でより良い世界のルールを考えるなら、どんな世界を思い描くだろうか？

解説

この思考実験は、アメリカの哲学者、ジョン・ロールズが提唱した「無知のベール」を元にしている。ロールズは、自分の社会的な身分や財産、性別、人種、能力、宗教、夢、嗜好などのすべてを取り払った状態を原初状態と呼び、無知のベールで覆われることで私たちは原初状態になるという設定の下、社会のルールの在り方を考えようとした。

この思考実験で、あなたは能力者が優遇される世界か、救済が優先される世界かを選ぶことになった。

能力者が優遇される世界を選ぶ人はどのように考えるだろうか？　高い能力を持つ人は努力をしている人が多い。つまり、努力した人が優遇されやすいと考えることができる。もちろん努力したからといって能力者になれると決まっているわけではないが、能力者全体を見ると、努力をしている人の比率は高いだろう。
そして、能力者が優遇されるなら、能力者になりたいと考える人は増えるはずだ。そうなれば能力者が増え、社会が発展するエネルギーとなることは確かだろう。社会を発展させた功労者となれば、優遇されてもいいのではないだろうか？

一方で、救済が優先される世界を選択する人はどう考えるだろうか？　自分が転生したとき、自分がどのような状態でその世界に存在するかはわからない。努力してもなかなか芽が出ないかもしれないし、ハンディキャップを抱えているかもしれないし、不利な環境に置かれているかもしれない。自分が弱者であった場合、能力者が優遇される世界ではどうしようもないと考えるだろう。一方で救済が優先される世界であれば安心感がある。そして、能力者は救済が優先される世界であってもうまく立ち回るだろうから、わざわざ優遇しなくてもいいだろうという考え方もある。

筆者がこの思考実験のアンケートを200人に行ったところ、能力者が優遇される世界を選んだ人は44人、救済が優先される世界を選んだ人は156人だった。

・能力者が優遇される世界…………22％
・救済が優先される世界…………78％

このアンケートでは、救済が優先される世界が多数派で、だいたい5人に4人が救済が優先される世界を選んだ。

世の中を見ると、能力者と見られる人よりもそうではない人のほうが圧倒的に多いだろう。確率的には自分は能力者の枠には入らない可能性のほうが高いと考えるほうが自然だ。そうなると、救済が優先される世界を選んだほうが安全だろう。貧困や、不自由や、マイノリティーや、挫折や、その他様々な理由で生きづらい人々が救済される世界は平和で平等な感じがする。救済が優先される世界が多数派となったのは、こんなふうに考えた人が多かったからだ。

救済が優先される世界でのキーワードは「平和」「平等」「やさしさ」「安心」だった。

また、努力できる環境が整っているかどうかや、努力する才能があるかどうかもわからないという意見も複数あった。親の経済力が学力やその他の能力に影響するのは確実で、頑張って上を目指したいけれど、それができる状態にあるのかどうかは不確定要素だ。弱者救済という保険によって安心して頑張れるというのも、こちらの世界を選択する理由になる。

一方で少数派である能力者が優遇される世界を選んだ人の多くは、社会全体の発展を理由に挙げていた。能力者になろうと切磋琢磨することで社会は発展する。努力が評価されるという点も大きな魅力の1つとなっていた。弱者救済を優先していると努力する人が減り、能力を高めようとする意欲がはたらかないことで、経済の成長力が失われるという考え方が複数見受けられた。

能力者が優遇される世界でのキーワードは「努力」「面白さ」「成長」「評価」だった。

確かに、救済が優先される世界によって頑張らなくても救済されると思う人が増えれば、社会全体に悪影響が出るだろう。本来救済しなくても問題ないはずの人が、楽に生きたいばかりに救済を求めるかもしれない。救済は能力者が目いっぱい稼いで、その力で行えばいいという考え方も一理あるだろう。

救済を善意として行うのが能力者が優遇される世界で、義務として行うのが救済が優先される世界であるとも考えられる。どちらを選択した人も、弱者救済の必要性は感じているし、救済をすることが正しいことであるという視点に立っていた。

無知のベールの提唱者であるロールズは、最も弱い立場にある人の利益になるという条件であれば社会的または経済的不平等は認められると説いたが、その点においては多くの人は賛成していると考えてよさそうである。

今回は極端な2つの世界を考えたが、転生の前室で社会のルールを話し合うとしたら、どんな話し合いになるだろう？　そして、あなたはこの転生の前室でどんな発言をするだろうか？　そして、あなたの発言が採用されたら世界はどう変わるだろうか？　少し想像してみると面白いかもしれない。

7 脳内チップ『ブレインバイヤー』

頭とネットをすべて接続

世界の研究者たちによって、また大きく生活が変わった。脳内チップは、脳内に小さなチップを埋め込むことで、脳内の様々な情報を読み取って作動する。目の前に地図を表示したり、今聞きたい曲を再生したり、スケジュールを教えてくれたりもする。当初、身体に不自由のある人の意思疎通を可能にした画期的な発明は、時を経て誰でも便利に使える最先端のツールとして日々の生活に浸透してきた。

佐山の家に、高校時代からの友人である光崎と川本が遊びに来た。2人は最近「ブレインバイヤー」という便利な機能を脳内チップに加えたらしい。

「いや〜、オレは今月8万7000円の支払いだったわ。オレのブレインバイヤー、買いすぎだって」

いかにも深掘りしてほしそうに話す光崎に、川本が合わせる。

「僕は2500円。まあ、今月はちょっと厳しかったからこれくらいで助かるよ。光崎、何を買った？」

「オレのメインはジャケット。ヴィンテージの！　いや〜、何でこんなにオレ好みのジャケット探せるんだろうな。ブレインバイヤー、やばいって」

「だよね。流石ブレインバイヤー、わかってるよ。僕にはフライパンが届いた。そろそろ買い替えなきゃって思っていたから、届くよね」


佐山は、2人がブレインバイヤーという脳内チップにダウンロードして使うサービスの利用を始めたのは知っていた。毎月勝手に商品がセレクトされて自宅に届くらしい。2人ともこれで生活が格段に便利になったと話しているが、佐山は脳内チップに懐疑的で埋め込んでいない。

「2人とも、買わされているだけなんじゃないのか？　思考って最後の個人情報っていうか、絶対に他人に知られない守られた存在っていうか、とにかく自分だけのものだろ？　それを企業に勝手に利用されて商品を送り付けられるって……」

光崎は指を左右に振って反論した。

「違うんだな、これが。ブレインバイヤーは確実にオレが欲しいものを知っていて、今月いくら使うのがいいのかもオレ以上に知っている。もう1人のオレみたいなものさ。最強の秘書。高度な判断力が必要な買い物を知らぬ間にこなしてくれる、超便利な相棒なんだ。ある人には野菜や卵が届き、ある人には数億もする宝石が届く。ブレインバイヤー利用者からのクレームは一切ないらしい。そりゃそうだろ。オレたちの思考を使っているのだから、欲しいもの以外は届かない。もちろん、支払い能力がない人への売り付けなんて絶対にない。だって、ブレインバイヤーは誰よりも利用者の懐事情を知っているのだから」


もし、ブレインバイヤーのサービスが開始になったら、あなたは使いたいと思うだろうか？

また、脳内チップについてどう考えるだろうか？

思ったことをすべて実行する脳内チップは便利だけれど……

解説

起業家のイーロン・マスク氏らが創設したニューラリンクが、人の脳へのチップのインプラントを行った。思考するだけでパソコンのマウスやキーボードを動かせるようになることを想定している。近い将来、身体が思うように動かせない脊髄損傷やALSの患者が、自分の意思をスムーズに伝えられるようになるかもしれない。

もし、脳にチップを埋め込んで我々の生活をサポートしてくれるサービスの提供が本格的に始まったとしたら、利用者の幅はもっと広がっていくだろう。もしかすると、そう遠くない未来にブレインバイヤーのようなサービスも始まるかもしれない。

しかし、便利になる反面デメリットも思い浮かぶ。デメリットとして真っ先に思いつくのはプライバシーの問題だろう。思考という決して覗《のぞ》かれることのない聖域が侵されるとなると、強い警戒心が生まれるのは当然だ。アンケートにもその色が強く出ていた。

ブレインバイヤーについて、200人を対象にアンケートを行ったところ、180人

（90％）の人が利用したくない、20人（10％）の人が利用してみたいと答えた。
利用したくないという多数派の回答理由の一部を紹介しよう。

・実は徐々に洗脳されて、必要ないものを「欲しいものだ」と思わされても気づかないのではと思う。
・監視されている感じがするので気持ち悪い。
・欲しいと思うものや必要とするものを自らが選んだり、吟味したり、予算と兼ね合わせて検討したりすることに楽しみを感じるから。
・脳内にチップを埋め込むのが怖い。また、自分の思考を見透かされているようで怖い。
・簡単に自分にとって最適なものを選択してくれると、思考能力が衰えると思うから。

思考という究極の個人情報を利用されることや、脳にチップを埋め込むこと自体に抵抗を持つ人が多かった。また、判断力や思考力の低下を心配する声、思考の乗っ取りを警戒する声が多数あがった。さらには、勝手に買わされる、利用されるというブレインバイヤーの機能への不信感も目立った。

一方で利用したいと回答した人の意見は次のようなものだ。

・クレームがないということは、満足度が100%だと思うから。
・これがあればすべて正しい方向に導いてくれそう。
・さらに便利な生活を送れそう。

この他にも、自分で考えることに自信がないという声や、買ってから後悔する心配が無くなるのではという期待も寄せられた。

アンケートの結果を見ると、ブレインバイヤーには「買うかどうかの最終的な決断を利用者に任せてくれる機能の追加」や、「モードを変更すると、提案だけをする買い物アシスト機能として使えること」、「脳内にチップを埋め込む安全性の確保」などの課題が考えられる。これらをクリアしたブレインバイヤーなら、利用したい人も増えるのではないだろうか？　それでも、プライバシーの保護をどうするかという大きな課題が残る。便利さと天秤にかけて、それでも利用したいと思えるサービスが今後生まれてくるのだろうか？

キャッシュレス大国のスウェーデンでは、手に米粒大のマイクロチップを埋め込み、手をかざすだけで決済ができるサービスがある。すでに数千人以上が利用していて、手をかざすだけで支払いが終わる。この体にマイクロチップを埋め込むというサービスは始まったばかりだが、確実に私たちの未来を変えていく大きな力を持っている技術だ。

そして、マイクロチップを体内に埋め込む技術で今後大きく恩恵を受けそうなのは、やはり医療分野だろう。ニューラリンクによる思考でパソコンを動かす取り組みの他にも、様々なサービスが期待できる。たとえば感染や炎症反応の検知や、血糖値などの測定を素早く正確に行うことで、治療をスムーズに行ったり、危険を回避できたりする未来はそう遠くないはずだ。ただこちらも、受け取れる恩恵と、体内の情報を読み取られることに対する嫌悪感が天秤に乗せられることになる。

あなたは、何が可能になるなら体にマイクロチップを埋め込んでもいいと考えるだろうか？　いろんな可能性を想像してみると、新たな発想が生まれるかもしれない。

8

この世界が前からあったことは証明できない

世界5分前仮説

マサヨシは世界大学の文学科に通う3年生だ。

今日は哲学科に通う友人のユウタと近所のファミレスに来ていた。

「なあ、マサヨシ、世界の誕生日って何日だと思う?」

「約138億年前のビッグバン……じゃなくて、地球の誕生日か? ええっと……」

「そうなるよな。もしなんだけど、たった5分前っていう可能性はあると思うか?」

マサヨシはユウタの言うことを理解するのに少し時間が必要だった。

だいたい自分はもう20年以上生きている。だから最低でも20年この世界が存在していることを、身をもって体験している。それはユウタだって同じはずだ。

「ユウタ、オレたち21歳だよな？」

「ああ。そうだよ。でも、それはそう思っているだけで本当は5分しか生きていない。5分前に21歳の記憶と体で誕生したんだよ」

「何言っているんだ。さっぱり理解できないぞ。だって、目の前のハンバーガーセットは15分前からここにあるし、昨日見た番組のこと今話しているじゃないか」

「このハンバーガーセットは5分前に、その10分前からここにあるかのような温度で、食べかけの状態でここにできたんだ。そして、オレたちは昨日見た番組の記憶を埋込まれた状態で5分前にここに作られた」


マサヨシは反論しようと試みたが、なかなかいいアイデアが浮かばない。

日本の歴史の話をしても、そういう歴史であるという設定で5分前に作られたと言われてしまうし、去年亡くなった親戚の話をしても、去年亡くなったということにして5分前に……と言われるだけだ。

だいたい何の根拠もない話に根拠を持って返事をする必要もない気がしてきた。

「ユウタ、哲学的な問いなのかもしれないけれど、さすがにこれはどう考えればいいいのかわからないよ」

「まあ、そう思ってしまうかもしれない。でも、否定はできないだろう？　本当に5分前にこの世界は作られたのかもしれないんだよ」

本当に世界は5分前に作られたのかもしれないのだろうか？

このハンバーガーを食べていた記憶も、5分前に作られた？

解説

「世界5分前仮説」は、イギリスの哲学者、バートランド・ラッセルによる仮説で、物語のマサヨシができなかったように、完全な否定ができない問いである。

目の前に38度くらいのぬるいコーヒーがあるとする。このコーヒーはあなたが用意したものではない。さて、このコーヒーにはどのようなストーリーがあっただろうか？　少し推理してみよう。

たいてい、コーヒーはホットかアイスで飲むものだし、ぬるいコーヒーが用意された確率は低い。となると、熱いコーヒーが冷めたのか、冷たいコーヒーがぬるくなったものかのどちらかと考えるほうが自然だ。ただ、冷たいコーヒーが38度まで温まるというのもちょっと違う。おそらくは少し前に用意された熱いコーヒーが冷めたのだろう。

冷たいコーヒーを電子レンジで温めたけれど、中途半端に温まってしまったというケースもありそうだ。

さて、こういった推理は何を元に行われたのだろう？　私たちが今日まで生きてきた中で自然と身についていった経験や知識があるからそう思えたのだ。

コーヒーは冷めるもの？と聞かれれば、「熱いコーヒーをここに置いておけばわかる」と答えればいい。世の中の様々な法則から、決められた通りの結果になるのだから、疑う必要もない。

ジャンプをすれば1秒後には地面に足がつくし、割れたコップがあればそれ以前のどこかで落ちたのだと容易に想像できる。

「世界5分前仮説」は、こういった経験や知識をすべて無にする設定である。38度のぬるいコーヒーは、5分前に、5分後に38度になる温度でそこに現れたのだ。そういわれてしまうと反論のしようがない。木の年輪も5分前にできたものだから、樹齢は5分だ。しかし、人がこの年輪を見たら、この木は100歳であると勝手に理解するだけである。そして、そう勝手に理解する人間も5分前に作られた。

ラッセルは、過去と現在の結びつきを考えるたとえとして、この世界5分前仮説を作った。もし、世界が5分前に作られたのであれば、昨日と今日の結びつきは何もない。過去がなくても現在は存在することになる。

私たちは昨日の記憶を持っている。昨日会社で資料を提出して、昼食にエビフライを食べ、帰りに近所のスーパーで小麦粉を買ったなどという記憶を、確実に存在した出来事として疑わずに持っている。

しかし、過去と現在の結びつきがないのであれば、過去の記憶と過去の出来事との結びつきもないことになる。もし、世界が5分前にできたのであれば、私たちの昨日の記憶は、5分前に作られた昨日の記憶であり、昨日の出来事ではない。

この仮説は否定ができないのだから、私たちの昨日の記憶が確かに昨日の出来事であることを肯定することもできないのである。

とはいっても、私たちは今日の連続を生きていて、今日の記憶は明日には昨日の記憶になる。そしてそれを当たり前のこととして生活をする。これは、「世界5分前仮説」が本当のことであっても、私たちに気づく余地はないのだから変わらない。

昨日の出来事と昨日の記憶、そして今日の今現在、すべてに繋がりがなかったとしても、世界が5分前に作られていたとしても、私たちはすべて繋がったものとして認識して今を生きていく。そのほうが断然都合がいいからだ。

もし、この世界が5分前に作られたことがわかったとしたら、私たちはどうするだろう？きっと何も変わらず〝昨日〟の約束を守り、〝先週〟のドラマの続きを楽しむのだと思う。ただ少しだけ、どうせなら空を飛べるとか、もっといい条件で作ってほしかったなとは思うのかもしれない。

9 ギャンブラーの誤謬

確率にパターンは存在しない？

フェルナンは頭を抱えていた。

「もう8回も赤が続いている」

フェルナンはこの日、ボーナスを受け取った。

しかし想像より金額が少なく、買う予定だった時計を買うことはできなかった。

「こうなったらカジノで増やしてやる」

ボーナスを2倍3倍に増やそうという意気込みでカジノにやってきたフェルナンは、ルーレットで勝負をすることにした。

単純な賭け方を好むフェルナンは、赤か黒かの2択で賭けようと決めた。

「赤だな」

最初は赤に賭け見事に予想を的中させた。

次は黒に賭けたが結果は赤だった。

「赤が2回出たのなら次は黒のほうが確率は高いだろう」

こう考えたフェルナンは黒に賭けたが結果は赤。

「くそっ、次こそは黒が出る！」

フェルナンはそれからずっと黒に賭け続けたが、5回目も6回目も7回目も8回目も、ウィールに投げ入れられたボールは、数字こそ違うものの、すべて赤い部屋に吸い込まれていった。

「ウソだろ……？　こんなことがあっていいのか？　何らかの不正がある以外にあり得るのか？」

フェルナンにはあと1回賭ける分しかコインが残されていなかった。

そして、9回目も黒に賭けることに決めた。もう当てないと後がない。せっかくのボーナスが無くなってしまう。

運命の9回目。

当然のように黒に賭けたフェルナンの祈りもむなしく、ボールがたどり着いた先はまたしても赤だった。

そして、10回目、すでにチップをすべて失っていたフェルナンの目は睨みつけるようにボールを追っていた。19番の赤。またしても赤にボールは落ちた。

このカジノに不正はないものとしてこの問題を考えてみてほしい。

これはあまりにあり得ないことなのだろうか?

連続で「赤」が出たとしたら、次こそ「黒」が出るはず？

解説

この思考実験は、ある事象の発生頻度が高いと、その後はその事象の発生頻度が下がる（またはその逆）と考えてしまう誤った思考、「ギャンブラーの誤謬」を元にしている。

世の中には確率が変わらないものと変わるものがある。たとえば、昨年の宝くじで1等となった当選番号と同じ番号の、今年のくじを持っていたとする。なんとなく、これが当たることはないような気がするかもしれない。もちろん、他の番号と比べて1等になりにくいということはない。どの番号も確率は変わらないはずだ。一方で、カプセルトイ（ガチャガチャ）で欲しいものが出てくる確率はどうだろう。カプセルトイの中に欲しいカプセルが1つ入っているとする。すると、レバーを回した数に応じて欲しいものが出る可能性は上がり、最後の1個になったのであれば、次は100％の確率で欲しいものが出る。

さて、フェルナンのルーレットの場合はどうだろうか？　フェルナンは8回連続の赤に対してあり得ないと考えた。ルーレットの赤か黒かの確率は、何回プレイが続こうと変わらない。確かに、8回連続で赤になる可能性は256分の1。約0・4%と、非常に低い確率であることは間違いない。しかし、実際にもっと連続で同じ色が出続けた例がある。

1913年にモンテカルロにあるカジノで行われたルーレットで、実に26回も続けて黒に入ったという出来事があった。ルーレットには赤、黒以外のマス（0や00）があるが、ここでは計算を簡単にするために赤と黒以外は無視して考える。1回目に黒に入る確率は2分の1である。2回目も黒なら4分の1、その次も黒なら8分の1の確率と計算できる。これが26回続くとどうなるだろう。実際に計算してみると、その確率は6710886 4分の1、約6700万分の1まで小さくなった。もし、25回も黒が続いたなら、次は赤と思ってしまうのも仕方ないことかもしれない。

しかし、よく考えてみると、赤、黒、赤、赤、黒、黒、黒、赤、黒、赤……というかにもありそうな出方であっても、26回のルーレットの結果を元に確率を計算すると、先ほどと同じく67108864分の1になる。26回のルーレットでどの出方をしても、確率を計算するとピッタリ同じになるのだ。その中の1つのパターンがたまたま出現したに過ぎない。どのパターンが出たとしても、あり得ないくらいに小さい確率の事象であり、それこそ「ウソだろ……？　こんなことがあっていいのか？　何らかの不正がある以外にあり得るのか？」というレベルの出来事なのである。

人は確率が同じものであってもどちらかをより珍しいものとしたり、どちらかをよりいいものとしたりと意味付けを行っている。そして、ポーカーでフォーカードがそろったなら、その前後はきっと大した手は出なかったのではないかと思ってしまったりもする。非常に珍しいものと認識されているフォーカードが出たのだから、そんなに珍しいものが続くとは考えにくく、きっとその前後はせいぜいワンペア程度だろうと思ってしまうものだ。

ギャンブラーの誤謬は、日常生活でも感じることがある。たとえば、いいことばかりが続くと、そろそろ悪いことが起きるのではないかと感じてしまうことが誰しもあるだろう。たとえば、商店街のガラポンで500円の商品券を引き当てて、「やった！」という気持ちと共に、こんなところで運を使ってしまったかもしれないと思う人もいるだろう。これは、一定期間内での運の総量が決まっていると捉えてしまう、運を定量化する思考から生まれる誤謬だといえる。さらには虹を見ることができたから何かいいことがありそうだとか、黒い猫に横切られたことを不吉な出来事が起きる前兆と感じてしまうなど、私たちはよく、全く関係のないところに関係性を求めてしまう。こういった思考の錯覚は、フェルナンが陥った誤った思考と同じように説明できるだろう。

また、ルーレットではなくサイコロだった場合を考えてみよう。6までの目のうち、何が出るかを予想するゲームだったとしよう。100回プレイが行われ、1・2・3・4・6は20回前後出ているのに対し、5だけは0回だった。ギャンブラーの誤謬について知っているなら、26回黒に入ることだってあるのだしと考え、すべての目は6分の1と信じて疑わないかもしれない。ただし、ここまで偏った出方をしているなら、もしかしたら5が極めて出にくいサイコロなのかもしれない、という疑いを持つ感覚は持っておきたい。ルーレットであれその他の何かであれ、疑うという思考は常に持つべきではあるが、その思考がギャンブラーの誤謬に陥っていないかどうかも常に観察する必要があるのだ。

日常のあちこちに潜む思考のワナに気づかせてくれるギャンブラーの誤謬。私たちも時として、フェルナンのように無関係の事象同士を関連付けて悩んでしまうかもしれない。こういった思考を改めて理解しておくと、どこかで役に立つこともあるだろう。

10 臓器くじ

みんなの利益とひとりの利益

ある国の王は、王子である頃から平等にこだわる人物として有名だった。平等であることが国を幸せにすると固く信じて疑わず、王になったら命は平等であるということを法で表していくと常々語っていた。

そんな王が新しい法律を制定した。それが「臓器提供法」である。

この国では、臓器移植に関する技術が目覚ましく発展し、患者とドナーの適合性を考えなくても手術が可能だ。しかも手術はロボットで行われ、その成功率は驚異の100%である。術後の管理も完璧で、1週間ほど決められた薬を服用すれば、あとは何もしなくても臓器移植による問題が起こることはない。王はこの技術を最大限利用して、幸せな国にしようと意気込んでいるのだ。

王の定めた臓器提供法によると、人々の臓器は国の共有財産だ。そして、誰かが臓器を必要とした場合、最大の人数が生きられるように臓器を提供する。これにより、より多くの人が幸せな人生を送ることができるという。

この国に住むライラは最初、悪くない法律かもしれないと考えていた。今は亡き祖母が重い腎臓病に長年悩まされていたので、こういう苦しい思いをする人が減るかもしれないと考えたからだ。腎臓なら1つ分けてくれるというのもありかもしれない。

「技術も進歩したし、1人でも多くの人が幸せになるのはいいことだよね？　でも、いざ私が提供する側になったとしたら、どう思うんだろう？」

ある日、ライラは親しい友人のマリと近所の喫茶店にホットケーキを食べに出かけた。マリは弁護士として大手法律事務所で働いていて、新しい法律に対して恐怖を感じていると話した。

「この法律、しっかり理解している人はまだ少ないの。簡単に説明すると、5人が別々の臓器の移植を待っているとしましょう。移植しないと7人とも5年待たずに死んでしまう。この場合、1人より7人のほうが多いのだから、健康な1人を殺して臓器を7人に移植したほうがいいよねっていう話。しかも、平等好きの国王は、その殺される1人の選び方はコンピュータによるくじ引きだっていうの。そのくじには国王自身を含めた国民全員が入っているらしいのよ」

ライラは驚愕の表情を浮かべた。

「待って、次は私が犠牲になるかもしれないってこと? テレビではそんなこと……」

「そうよ。誰でも可能性がある。しかもこれは強制的に行われる。もしかしたら、今日かもしれない」

ライラはその日、駅前で行われていた臓器提供法反対の署名活動に参加した。

この臓器提供法はなぜ問題になるのだろう?

手術は100%成功するし、犠牲になる人は完全にランダムに選ばれる。生体からの臓器移植だけが患者を救える方法という条件で考えてみてほしい。

ドナーの1人が死ねば、7人の人生の質が上がる

解説

この思考実験は、イギリスの哲学者、ジョン・ハリスが提唱した「臓器くじ」と呼ばれる話を元にしている。

ライラは最初、悪くない法律かもしれないと考えた。その後、反対運動に参加している。何がライラの考えを変えたのだろう？　この国では臓器移植は術後の管理を含めて100％安全にできるし、腎臓であれば1つ失われても命に別状はない。この条件の下、ライラは悪くないと感じた。しかし実際は、健康な1人をランダムに選んで殺し、その臓器を患者たちに移植するという法律だったため、ライラは反対に転じた。

この法律が施行されたとしたら、世の中に何が起こるだろうか。もしあなたがこの国民だったとしたらと思って考えてみてほしい。おそらく、「健康な1人」の条件を調べて、そこから外れる方法を考える人が増えるだろう。不健康になる方法を実践する人が増える。この法律による「健康」からギリギリ外れる、可能な限り健康な「不健康」が最も理想の健康状態となるかもしれない。病院ではウソの診断書を出す医師が増えそうだし、国外に逃れる人は多数現れるだろう。このようにして、王が理想とする幸せな国とは程遠い国になってしまう可能性が高いのではないだろうか？

なぜこの法律に問題があるのかを別の角度から考えていこう。先ほどのような心理的な問題や逃れる対策の話は横に置いて、この法律が正しいか正しくないかを考えていきたい。たとえば、1人の犠牲により7人もの患者の命が助かり、彼らはＱＯＬ（人生の質）が大幅に向上し、元気に生活できるようになるとしよう。この方法を使うのに何が問題になるのだろう？

筆者は、この臓器提供法をどう思うかというアンケートを200人に試みた。

「ある国で、臓器移植法が施行されました。

臓器移植法では、完全にランダムに不正なく選ばれた健康な1人を殺して、その人の臓器を複数の患者に移植するという方法を政府の管理の下に行います。

手術は100%成功するし、術後の管理は完璧で1週間薬を服用すればあとは何もしなくても大丈夫になります。

今日、初めて健康な1人を殺して、7人の臓器移植を待つ患者に移植する手術が行われます。生体からの臓器移植だけが患者を救える方法です。

7人は、移植さえ受けられれば生活の質は大きく向上し、元気に生活できます。この法律について、どう考えますか」


選択肢は「いい法律だと思う」「悪い法律だと思う」「どちらともいえない」の3択だ。結果、90%の人が悪い法律だと思うと答えている。いい法律と感じたのはわずか2%であった。この3択で「どちらともいえない」を選んだ人は、健康な1人をランダムに選ぶところに修正を加えれば、この法律はありと考えている。臓器を待っている人に対して、死刑囚などの犯罪者をドナーとできるのならという意見が複数あった。

「いい法律だと思う」と答えた少数の人は「1人の犠牲により7人が元気になるのであれ

ば、そのほうが社会全体としてはプラスではないか」「ドナーを待つ人が多いので、いい法律ではないか」と考えた。

大多数が選択したのが「悪い法律だと思う」だ。その理由として多かったのは、自分や身近な人が選ばれて殺されるかもしれない、そもそもこれは殺人なのだから倫理的に許されない、という回答だった。

最も引っかかるのは健康な1人が強制的に犠牲になるという点だろう。この1人の死と、7人の患者の死は同列に語ることはできない。もし、あなたの大切な人が7人の患者の中にいて、助からなかったとしたら悲しいし苦しいだろう。一方で健康な1人があなたの大切な人だったとしたら、悲しみや苦しみと共に怒りや憤りなどの全く違う感情が湧き起こるはずだ。

この感情の差を生んでいるのはなんだろう。これは、健康な1人は殺されるのであり、7人の患者は助からないというところに違いがある。

たとえば、誰かが目の前で転倒したとして、あなたがその人を助けなければならないということはない。しかし、誰かをあなたが故意に転ばせたのであればそれは大問題だ。この違いが多くの人が臓器提供法を倫理的に許されないと感じた理由だろう。助けないより、傷つけるほうが倫理に反するのだ。

「臓器くじ」は「トロッコ問題」と比較されることも多い。トロッコ問題を簡単に説明すると、線路上を暴走するトロッコの先に5人の作業員がいてこのままでは5人は死んでしまう。あなたが切り替えレバーで線路を切り替えると代わりに別の作業員1人が死んでしまうというもの。より多くを助けるために1人を犠牲にするかどうかを考える点では臓器くじと似ている。大きな違いとなるのは、「1人の死」が直接「5人の死」と関わっているかどうかだ。トロッコ問題では、5人を助けようとすると、運悪く反対側の線路上に1人がいて犠牲になってしまう。臓器くじの場合は、7人を助けるために故意に1人を犠牲にする。つまり、7人を助けるためには1人の死が絶対に必要なのだ。トロッコ問題の場合は1人の作業員も死なないならそれが一番いい。

今回の思考実験のように、臓器移植の高い技術を活かしてドナーを待つ多くの人を助けたいとしたら、どんなルールが有効だろう？

11 メアリーの部屋

「知識」って何だろう

メアリーは生まれてから今日までの25年間、一度も色を見たことがない。正確に言うと、白、黒、灰色以外の色を見たことがない。

メアリーの目は生まれつきの病気によって、色を見るとその刺激によりダメージを受けてしまう。そのため、メアリーは生後間もなく特殊なレンズを眼球に入れる手術を受けた。そのレンズは、この世界のすべての色をモノクロに変えてしまう。赤は濃いグレーに、黄色は薄いグレーにといった具合に、メアリーは白と黒と灰色だけを見て今日まで生活をしてきたのだ。

その反動からか、メアリーは色に対して異常なまでの興味を示した。色についてのあらゆることを学び、色が心理的にどんな影響を与えるかも知りたがった。そのため、メアリーは色についてのすべての知識を持っているといってもいいくらいに、色について詳しくなった。そして、色を研究する学者となり、ますます色に対する知識を深めていく。

メアリーが26歳になる2週間前のこと。

今日は病院で毎年恒例の検査を受けることになっていた。わずかの確率で合併症や悪化の危険性があるため欠かすことができないのだが、メアリーにとっては、「変わりがない」という回答を得るためだけの退屈な通院だった。

メアリーは去年と同じように検査を受け、診察室に入った。検査結果を眺めていた医師はメアリーを見ると興奮気味に説明を始めた。

「メアリーさん、治っているよ！　すごいことだ。おそらく完治している。これなら色を見ても大丈夫だ。さっそく、目の中にあるレンズを取り除く手術をしよう」

「ついに色を見ることができるのね」

情報を得る以外に「知る」ということはあるだろうか

眼球に入れたレンズを取り出す手術を受けたメアリーは、ほどなくして生まれて初めて色を見ることになった。

メアリーが最初に見た色は、病室の棚に置いてあったピンク色の花瓶と赤やオレンジ色の花と緑色の葉、ベージュ色の壁、藤色のカーテンだった。

もちろん目にしたすべての色の知識は持ち合わせているし、色を見たらどう思うのかといった心理的な影響も知っている。

そんなメアリーが色を見たこの瞬間に新たに知ったことはあるだろうか？

わかりやすくするために、メアリーは色に関するすべての知識を持っているものとする。

メアリーになったつもりで考えてみてほしい。

解説

メアリーは色に関するすべての知識を持ち合わせている。つまり、メアリーが色を実際に見たからといって、新たな知識を獲得することはないと考えていい。

ここで問題となるのは、「知識」とは何かということ、また、「知識」以外に知るものがあるのかということである。

「知識」とは何かということを考えてみる。

たとえば、フライパンに対するあらゆる知識を持っていたとする。小さいもの、大きいもの、浅型、深型もあればメーカーの違いもある。鉄製のフライパン、フッ素樹脂で表面を加工した焦げつかないフライパン……それぞれについての知識を完璧に持っている。ある日、カラスがゴミ集積所にやってきたとき、「そうだ、フライパン2つを叩いて大きな音を出して追い払おう」と思い立ち、見事カラスを追い払った。フライパンに対するあらゆる知識を持っているなら、「フライパン2つを使ってカラスを追い払えるだろう」ということも当然知っていたはずだと考えてもいいし、これは知識を元にして新たに生まれた活用法であり、こうしてひらめいたことにより、新たに知識というフォルダにデータが収められたと考えてもいいだろう。

次に、知識以外に知ることがあるかという点について考えてみよう。先ほどの例で、ひらめいた活用法はどうだろう？　ひらめいた時点で新たな知識となると考えると、知識以外のことを知ったことにはならないかもしれない。

では、これはどう考えるだろうか？

私たちが、自分が色を初めて見たという状況は想像しにくいので、料理に置き換えて考えてみよう。あなたがある料理についてのあらゆる知識を持っているとする。仮にその料理が「パルトッポ」という名前であるとしよう。あなたは、パルトッポの作り方も熟知しているし、見た目も知っているし、材料の主な産地や料理の成り立ちも知っているし、味についての説明も完璧にできる。ただ、食べたことは一度もない。この状態でパルトッポを食べたとしたら、あなたは何かを知ることになるだろうか？

通常、初めて食べた料理に対して、私たちは「思っていたよりもおいしい」とか、「見た目よりさっぱりしているな」とか、「味付けがエスニックっぽい」とか、様々な感想を抱くだろう。味わったからこそ、知ることが山のようにあるものだ。しかし、この料理に対してすべての知識を持っているし、味についての説明が完璧にできるという条件付きのパルトッポの場合はどうだろう。どう考えても思った通りの味だし、知っている通りの料理である。このとき、パルトッポに対して新たに何かを知ることはあるだろうか？

パルトッポに対してすべての知識を持っていたとしても、「やっぱり思った通りの味だ」とか、「わかってはいたけれど、この味は少し苦手だ」とか、再確認はできたはずだ。食べたからこその感想はきっと何かあるだろう。反対に考えると、食べなければ生まれなかった感情があるはずだ。それは新たに何かを知ったことにはならないだろうか？

メアリーに話を戻そう。メアリーは色を見たことがない。それでもメアリーは、トマトの赤を見た人がどんな感情を抱くのかという心理的なことも熟知している。ただ、メアリー自身が何を思うのかは、メアリーが実際に色を見てみないことにはわからないだろう。メアリーがきっと自分はこう感じるはずだと確信していて、実際にその通りに感じたとしても、「やっぱり思った通りに感じた」という発見をするのではないだろうか？

さらに、メアリーは青というのはこういう色で、青を見た人はこう感じると知っていたとしても、色を見た人の感想は一人ひとり違う。ある人は爽やかに感じ、ある人は寒さや冷たさを感じ、ある人は暖かな空のような柔らかい色と感じるかもしれない。好き嫌いも人によって違う。そして、メアリー自身がこれらのどれに属するかは実際に体験してみないと完全にはわからないだろう。

つまり、メアリーが色を見たとき、客観的なすべての知識を持ったうえで、新たに主観的に感じた何かが生まれたはずである。この主観的に感じたもののことを「クオリア」と呼ぶが、メアリーは新たなクオリアを得たということになる。

クオリアについてもう少し考えてみる。たとえば、あなたと友人が同じ財布を見て「青い財布だ」と思ったとする。このとき、あなたと友人が感じている「青」は全く同じではない。一人ひとり、視覚を通して見る色はイコールではなく、少しくらい異なっているだろう。もし、仮にあなたが青と思っている色が、本当は一般的に藍色と呼ばれる色であったとしても、あなたが気づくことはないだろう。人は自分が見ている色、つまり主観的に感じている「クオリア」というものがすべてなのである。

それで、ここでもう一度疑問に向き合わないといけない。クオリアを得たことが「新たに何かを知った」ことになるのかということを考えてみる。ここでいう「知る」にどこまでの範囲を含めるかで変わってくる問題ではあるが、一般的に「知る」という言葉の中には「体験して感じ取る」ことも含まれると思われる。メアリーは初めて実際に色を見たのだから、何かを感じ取り、新たなクオリアを得て、それを知ったことになるのではないだろうか？

12 ビュリダンのロバ

同じ価値のものは選べない？

シコウ高校の佐々木と松下は昼休み、いつものように購買にやってきた。

「うわ、今日ってあの激ウマ弁当屋「カツテンボシ」が来てんのか！　こりゃ、迷うぞ〜」

佐々木は目をギラギラさせてカツテンボシのお弁当に見入っている。

「オレは先週ゲーム買ったし、今月は厳しいからな〜」

松下はそういうと、タマゴパンとツナマヨおにぎりを手に取った。

会計を済ませた松下は、佐々木を待つ間と思い、購買で会った別クラスの友人と話し始めた。

それから5分後、松下が佐々木の様子をうかがうと、佐々木は2つのお弁当を持って目を左右にしきりに泳がせている。

「お～い、まだ決まらないのか？」

友人に手を振って別れた松下は、佐々木のところに戻ると佐々木の持つ弁当をのぞき込んだ。

「かつ丼と天丼か……。さっさと決めろよ」

「カツテンボシは2か月に1度しか来ないんだぜ？　そんなに簡単に決められるかよ！」

それからさらに5分が過ぎた。

「佐々木、そのまま昼休み終わらせる気か？　お前はロバか」

松下はあきれるように言った。

「は？　ロバ？　どのあたりがロバなんだよ」

お弁当を両手に持った佐々木が松下のほうを向く。

「いや、ビュリダンのロバだよ。選択に悩みすぎて餓死したっていう話。フランスの司祭で哲学者のジャン・ビュリダンの名前からビュリダンのロバって呼ばれている思考実験さ。魅力が同じだと動けなくなるっていう、まさに佐々木のこと」

「あー。くそ、何だよそいつ。……なあ、どっちがいいと思う？」

「オレに聞くなよ」

松下がそういうと、佐々木は松下に詰め寄りながら言った。

「だって、ロバが餓死しちゃうだろ？」

松下は今日一番のため息をついた。

「じゃ、天丼で」

「天丼か〜……。でもさぁ？　このカツ、ウマそうなんだよなぁ？」

「こりゃ、昼休み終了の鐘がなる、つまり、餓死だな」

松下は教室に向けて歩き出した。

どちらも魅力的でどちらを食べるか決めきれない……

解説

この話は、自由意志の重要性を解くために使われる有名な思考実験「ビュリダンのロバ」を元にしている。フランスの司祭で哲学者のジャン・ビュリダンの名前が使われているが、ビュリダンが直接関係しているかどうかは定かではない。

「ビュリダンのロバ」は次のような話だ。

ある1頭のロバがいる。そして、ロバからちょうど同じ距離にある2か所に、同じ量の干し草がある。2か所にある干し草は、どのくらいおいしそうか、干し草までの道の状態はどうか、干し草がある場所の危険度はどの程度かなど、あらゆる要素で比較をしても全く同じである。

ロバはお腹がすいているから干し草を食べたい。しかし、魅力が全く同じ2か所の干し草を目にして立ち止まってしまった。どちらかに決めたいが、決定打がなく決められない。

ロバは悩んでいる間に餓死してしまった。

実際に実験をしたら、おそらくロバはどちらかの干し草に向かってすぐに移動するだろうし、結局両方とも食べるのではないかとも思われるが、ここではなぜ餓死してしまったのかを深堀りして考えていきたい。

ロバはなぜ選べなかったのか。それは甲乙がつけられなかったからだ。どう考えても同じ2つの選択肢から、1つを選ぶことができなかった。つまり、1つに決める理由が見つけられなかったのである。そして、ロバと同じように、この話では、佐々木がかつ丼と天丼の間で立ち往生をした。どちらも全く同じレベルで食べたかったのだ。

もし、あなたが佐々木ならどうするだろう？　昼休みの時間は限られているし、ここまで迷ったのであればどっちでもいいのだから、さっさとどちらかを選ぶという答えが返ってきそうだ。しかし、佐々木になりきって考えてみてほしい。真剣に考えて、結果としてどちらか1つを選びたいのだ。しかし決められない。どうしても無理だ。こんなとき、あなたならどうするだろう？　その解決策の1つが佐々木も実践した〝他人に決めてもらうこと〟である。しかし、佐々木はそれでも迷ってしまった。なぜなのか？　おそらく、次のいずれかだ。

・合理的な理由が欲しかった。
・松下の選択で決めようと腹をくっていなかった。
・選ばれなかったほうに対して未練が残った。

たとえば、「野菜不足だって言ってただろ。天丼のほうが野菜は多いぞ」と言われたら決められたのかもしれない。そして、もう時間はないから松下の選択に従おうと〝決めて〟いたのなら、スムーズに購入できただろう。3つ目の理由である選ばなかった選択肢に対する後悔は厄介だが、ここはもうあきらめるしかない。ここに選択の痛みが伴うわけだが、ビュリダンのロバの場合、選択する痛みと比較して、選択しないほうが楽だったのだと考えられる。

もちろん、決めないという選択肢が結局最も良いというケースもある。

たとえば、商品Aと商品Bで迷い、結局悩み疲れて購入自体をやめたとしよう。その後、商品Aも商品Bも圧倒的に安く売る店を見つけたとしたら、あのとき、選択を回避してよかったと思うだろう。ビュリダンのロバのケースでは、決めないという選択肢が最も大きな痛みを伴う。それでも決めることができないという点に注目しなければならない。

どうしても決められない2択は日常にもあるものだ。たとえば、おいしそうなスイーツを買うか買わないか。買えばおいしいスイーツにありつけるが、お金は減るし、ちょっと太るかもしれない。他にも、大事な試験の穴埋め問題で、選択肢AとCのどちらなのかがさっぱりわからないとき。知らない単語2つを前に、なすすべもなくもはや確率50%のくじ引きの状態だ。このように、選択による重要性の差は様々だが、私たちは日々ビュリダンのロバのように悩む瞬間に立ち会っている。

選択肢の魅力度が等しい場合、人は悩んでしまう。そんなときでも人は餓死をしてしまったロバのように決めないままにはしない。大事な試験でAかCかわからないからペンが止まって終了の鐘が鳴ったとか、選べないからAにもCにもマークしなかったとか、そんなミスはなかなかしないだろう。人には鉛筆を転がすとか、直前の問題がAだからこの問題はCにするなど、あてずっぽうに決めるという必殺技がある。ビュリダンのロバの干し草なら、棒を倒して棒が右に倒れたなら右、というようにランダムに決めることができる。

これは、無理やり選択する〝理由〟を作り出すことで選択をしていると考えられる。選択の合理的な理由として、無理やり作った「棒が右に倒れた」というものを採用したのである。

ロバには選択肢を作り出すという能力がない。そのため、魅力が全く同じ2つの選択肢という壁を越えることができず、決めないという最も楽な選択をし続けた。その結果が、最も大きな痛みを伴うことになってしまうとしても、ロバにはあてずっぽうに決めるという能力がない。

私たちは外部に影響されず自由に選択をすることができる自由意志を持っていると考えられている。一方で、脳の無意識下ですでに選択が行われた後に、私たちが意識として認識できているだけとも言われている。いずれにせよ、毎日膨大な数の選択を行っている私たちに、ビュリダンのロバのようになっている暇はないのだから、選択に疲れた脳を、時々は労わってあげたいものだ。

13 ガリレオの思考実験

現実をほんとうに変えた思考実験

料理教室で仲良くなったアヤ、サクラ、コウジの3人。

今日はアヤの住むマンションでホームパーティをしていた。

「この鉄鍋と、卵1個、この建物の屋上から同時に落下させたらどうなると思う?」

卵をゆでようとしていたアヤが突然切り出した。

「そりゃあ、鉄鍋のほうが先に落下するでしょう。鉄鍋のほうが重いもの」

サクラが即答する。

「落体の法則、だっけ? たしか両方とも落下速度は同じなんじゃなかったか?」

コウジが学生時代の記憶を手繰り寄せる。

「そんな法則あったっけ? やっぱり鉄鍋のほうが早く落ちそうだけど……」

アヤは首を傾げた。

「うーん、たしかに、重いもののほうが早く落ちるよなぁ。普通。ボウリングの玉とポテトチップス1袋をこのマンションの屋上から落としたと想像すると、絶対にボウリングの玉のほうが先に落ちるな。あれ、落体の法則……？」

コウジも首を傾げる。

落体の法則をスマホで検索をしていたサクラが口を開く。

「落体の法則はガリレオが発見したのね。どうやら真空状態での話のようね。地球では空気抵抗があるから、空気抵抗の影響をより強く受ける軽いもののほうが遅く落ちると」

サクラの説明を聞いたコウジはある事実に気が付いた。

「え？　でも、ガリレオの時代に真空での実験はできなかったはず。真空を最初に作ったのはガリレオの弟子のトリチェリで、ガリレオの死後だったたような……」

「それならどうやって落体の法則を発見したの？　実験はできないわけだし……」

とアヤ。

ひもで繋げると、より重い1つの物体になるのではないか？

さらにスマホで調べていたサクラは、ガリレオの実験について書かれたページに行きついた。

「ガリレオはこう考えたんだって。まず重い鉄球を落下させる。次に軽い鉄球を落下させる。当然重い鉄球のほうが早く落ちる。でも、2つをひもで結んだらどうなる?」

さて、ガリレオはどうやって考えたのだろう?

解説

この話は、イタリアの数学者・天文学者であるガリレオ・ガリレイによる思考実験を元にしたものである。ガリレオ・ガリレイは「天文学の父」として有名な人物で、自分で作成した望遠鏡で月や木星などを観測し、その結果として地動説を確信したり、木星の衛星を発見したりと、天文学の分野で多くの功績を残した。また、「近代科学の父」とも呼ばれ、近代科学的な手法の数々を確立したことでも知られている。

一方、万学の祖と呼ばれるアリストテレスは、物体は重いほうが速く落ちると考えていた。重さが2倍なら2倍速く落ちる。私たちの経験から考えても、重いもののほうが速く落ちると言われたほうが納得できる。たとえば、鉄球とわたあめを、同時にスカイツリーの展望台から落としたとしたら、間違いなく鉄球のほうが先に落ちる。わたあめはフワフワと風に流されてずいぶん遠くに落ちるかもしれない。こんなふうに、アリストテレスの言うことは、経験上おかしいとは感じられないため、人々は疑問に思うこともなく受け入れていた。

ただ、アリストテレスの言うように、2倍なら2倍速く落ちるのなら、約20グラムのボールペンと重さ2キログラムの小麦粉一袋を高いところから落下させたとして、小麦粉はボールペンの100倍の速さで地面に落ちるはずだ。もし小麦粉が1秒で落下するなら、ボールペンは1分40秒かかる計算になる。まさかそんなことはないだろうと経験からわかる。2倍なら2倍速くというほどの差はないだろう。だが、やはり重ければ重いほど先に落ちるということは経験からも納得できる。

そんな中で重ければ重いほど先に落ちること自体に疑問を持ったのがガリレオである。

ガリレオはこんなふうに考えた。

「本当に重いから先に落ちるのだろうか？　これを証明できないだろうか？」

そして、ガリレオは同じ大きさの重い球と軽い球の2つを用意してなだらかな斜面を転がすという実験を思い立った。「物体は重いほうが早く落ちる」ことを証明するためなのに、物体を落下させるのではなく、転がすという部屋の中でできる規模に変換する発想力に驚かされる。そして、重い球も軽い球も同じ速さで転がり、アリストテレスの言うような差は生まれないことを証明した。

さらに、ガリレオは重い鉄球と軽い鉄球を落とした場合を考えた。当然重い鉄球のほうが少し早く落ちる。しかし、ここでガリレオはこう考えた。

「この2つの鉄球をひもで結んだらどうなるのだろう？」

そしてこのように思考をしていった。

アリストテレスが正しいのであれば、重い鉄球は「重い」から先に落ちる。つまり、「重い鉄球と軽い鉄球がひもで繋がれた物体」を落下させたら、重い鉄球は落下速度の遅い軽い鉄球に引っ張られる。これによって重い鉄球単体よりも遅く地面に到達するはずだ。

また、アリストテレスが正しいのであれば、重い鉄球は「重い」から先に落ちる。つま

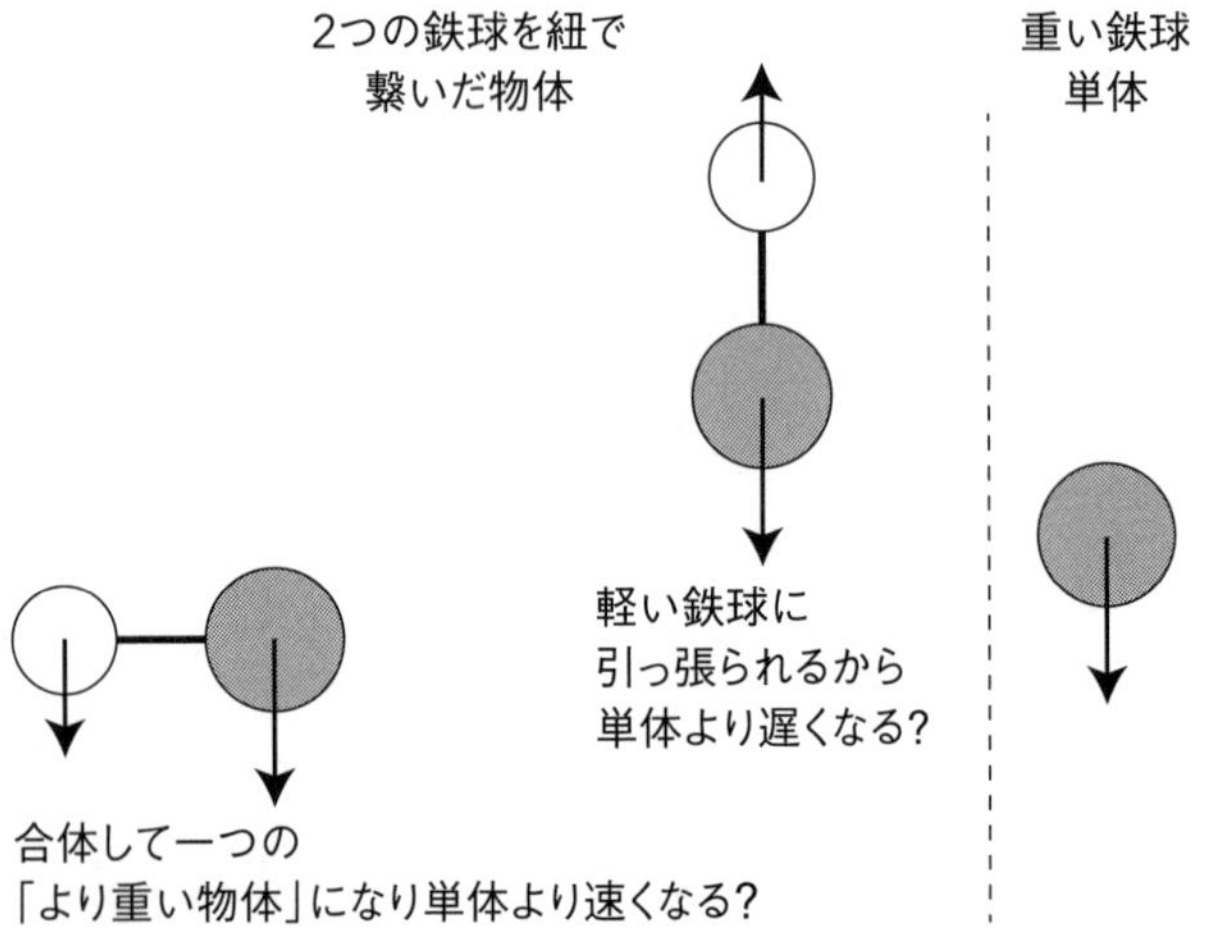
2つの鉄球を紐で
繋いだ物体
重い鉄球
単体
軽い鉄球に
引っ張られるから
単体より遅くなる?
合体して一つの
「より重い物体」になり単体より速くなる?

り、重い鉄球単体よりも「重い鉄球と軽い鉄球がひもで繋がれた分、さらに重さが増して重くなった物体」は、重い鉄球よりも速く地面に到達するはずだ。

これは困ったことになった。アリストテレスが正しいのであれば、「重い鉄球と軽い鉄球がひもで繋がれた物体」は、重い鉄球単体よりも遅く、そして速く地面に到達することになる。2つの事実が存在することになり、矛盾してしまう。あり得ないことだ。あり得ないということは、前提条件が間違っているのだ。「アリストテレスが正しいのであれば」という前提条件は間違っている。

ガリレオはこう結論付けた。

「落下の速さは、その物体の重さとは無関係である」

実際に真空では重さに関係なく同じ速さで物体は落下する。羽毛と鉄球を同時に落とせば、全く同じ速度で落下していくのだ。

思考の中で行う実験であれば、真空を作ることができなくても解答を導くことができる。ガリレオは仮説を立て、それを思考実験で証明したのである。

世の中には実際に実験できないことがたくさんある。実験できない理由は、技術的にであったり、規模的にであったり、倫理的にであったりする。しかし、思考の中であればそれらすべてを実験することができる。

フランスの小説家ジュール・ヴェルヌは、「人が想像できるものは、必ず人が実現できる」と言ったが、あなたの想像の中で実現をさせたいものは何だろうか？　想像を続けることで実現に一歩一歩と近づくのではないだろうか？

14 ジャガイモのパラドックス

直感は信用できない？

ある日、田村は異業種交流会に参加していた。参加者たちと名刺交換をしていると、1人の男性が近づいてきた。

「こんにちは。僕はイベントプランナーをしていましてね。今日はいろんな方とお話をさせていただいて、新たなイベントのヒントを得られればと。ああ、これ、前回のイベントで使った問題なんですけれど、ぜひ解いてみてください」

田村はイベントプランナーの男性からチラシを1枚受け取った。

脱出ゲームや企業のイベントなどを企画する仕事をしているようだ。チラシの片隅にこんな問題が載せられていた。

ある商品は1人で組み立てることができる。

5個の商品を組み立てるために、5人で作業をすると、5分かかる。

では、100分で100個の商品を組み立てるためには、何人必要だろう？

（5個の商品を組み立てるために、5人で5分かかるのなら、100分で100個の商品を組み立てるためには100人が必要なのでは？）

そう思った田村は、答えが書いてあるという裏面を見た。

裏面にはこう書かれていた。

解答：5人
5分で5個の商品を作ることができる5人が、そのまま作業を続ける。
すると、100分後には100個の商品を作ることができる。

「……なるほど。ん？　もう一問載っているじゃないか」

ここにジャガイモがたくさん積まれている。

計ってみると、重さはちょうど100キログラムだった。このジャガイモの水分の重さの割合は99%だという。

つまり、水分の重さは99キログラムだ。

さて、時間の経過でジャガイモの水分量が減り、水分の割合が減り98%になった。

このとき、ジャガイモの重さは何キログラムになっただろう？

水分の割合が1%減ったのか。

ということは……？

99キログラムあった水分は何キログラム減っただろうか？

解説

「ジャガイモのパラドックス」は、直感とは異なる答えにたどり着くこと、答えを聞くと疑いたくなることからパラドックスと呼ばれている問題である。ジャガイモの水分量が99％という部分が直感と異なる、というご指摘を受けそうだが、ここはそういうジャガイモがあるということで考えてほしい。ちなみに、実際のジャガイモの水分量は78％ほどである。

さて、さっそくこの問題を解いていこう。

全体は100キログラムで、そのうちの99％にあたる99キログラムは水分だ。乾燥してジャガイモの水分量が減り、99％から98％になった。つまり、水分は99キログラムから98キログラムになったのだから、1キログラム減ったことになる、と思える。

全体で考えると、100キログラムから1キログラム減るのだから99キログラムになる。こう答えたくなる。しかし、この問題はパラドックスなのだから、これは正解ではないのだ。

どこでパラドックスの迷宮に迷い込んでしまったのか、わかりやすくするために問題を変えてみよう。

ここに、A社がある。A社は力仕事がメインのため、男性が圧倒的に多い。特に部署Bはその傾向が顕著で、1人は女性社員で、99人が男性社員だ。

あるとき、部署Nが作られることになり、各部署から部署Nに配属される人が集められた。部署Bからも部署Nに移った男性社員がいて、結果として部署Bの男性社員の割合99%から98%に減った。

さて、男性社員の何人が部署Nに移っただろう?

ジャガイモのときと同じように、男性社員1人が部署Nに移ったと考えたとしよう。すると、部署Bの人数99人で、男性社員は98人となる。

計算してみよう。男性社員の割合は99分の98だから、98÷99を計算する。答えは0・

98989 8……となる。98・9898……％だ。おや、98％より大きな数となった。

ここで考え方を変えてみよう。98％が男性社員になったということは、女性社員の割合は1％上がって2％になったわけだ。女性社員の数は1人で変わっていないのだから、1人が2％を占めることになる。

1人が2％分なのだから、もし、女性社員が10人いたら全体の20％を占めることになる。25人なら50％だ。50人なら100％となる。ここでピンときただろうか？ 全体が100人から50人に減っている。ずいぶん多くの人が部署Nに移ったようだ。

分数で考えると、さらにシンプルになりそうだ。最初の部署Bの女性社員の割合は100分の1だった。それが100分の2になったのだから、約分すると50分の1になる。つまり、女性社員は50人の中の1人だ。残りは男性社員なのだから、男性社員は49人とわかる。50人もの男性社員が部署Nに移ったのだ。

【ジャガイモの水分98%】

	水分	固形部	合計
割合	98%	2%	100%
重さ	49kg	1kg	50kg

【ジャガイモの水分99%】

	水分	固形部	合計
割合	99%	1%	100%
重さ	99kg	1kg	100kg

ジャガイモに話を戻そう。全く同じように計算ができる。最初の100キログラムのうち、水分以外の固形部分は1キログラムだ。水分が減って98%になったのだから、水分以外の固形部分の割合は2%に増えた。固形部分が1キログラムであることに変わりはない。全体の2%が1キログラムなのだから、全体は50キログラムである。そのうち49キログラムが水分にあたる。

分数でも考えてみる。水分以外の固形部分の割合は100分の1から100分の2になったことになる。約分して50分の1。50キログラムの中の1キログラムである。残る49キログラムが水分だ。

全体の重さは50キログラムというのがこの問題の答えだ。

ジャガイモはずいぶんと干からびて小さくなってしまったようである。

15 宇宙貨物社の支援物資

500人の安否か、2人の命か

あなたは宇宙貨物社に勤める宇宙船運転士だ。

宇宙船での貨物運搬に従事して8年になる。今まで食料品や酸素タンク、エネルギーボトル、紙製品など様々なものを他の星に運んできた。

あなたは今、多くの食料品や医薬品を乗せてパレン星に向かう途中だ。中継地点として作られた宇宙拠点アジサイに立ち寄っていた。

アジサイでサンドイッチを頬張っていると、ティンカ星で大規模な災害が発生したとの一報を受けた。あなたはパレン星の荷物運搬先に連絡を取り、今回の荷物を急遽支援物資としてティンカ星に運ぶ許可を取り付けた。そのあとすぐに、地球の管制塔に連絡をして、ティンカ星までの航路を飛ぶ許可を得た。

ティンカ星までは2日で到着できる。あなたの宇宙船以外に支援物資を積んで5日以内にティンカ星に到着できる宇宙船はない。

あなたは、さっそく愛船U857に乗り込んだ。

「ティンカ星……。確か次の開発候補地で、先行して500人くらいが住んでいる星だったかな。行くのは初めてだ」

ティンカ星まではワープを3度繰り返して向かう。

「次のワープポイントまで仮眠しておくかな」

5時間後、地球の管制塔から通信が入った。

「こちらU857。どうしましたか」

「こちら管制塔。U857の軌道上にスペース運送社の小型船を発見。明らかにあちらは航路を外れている。このままだとワープポイント突入の際に衝突する。小型船との通信は不能」

「しかし、こちらの航路は変えられません。次のワープポイントを逃すとティンカ星に行けなくなります。他のワープポイントから一度地球に戻ることになってしまう」

地球にある管制塔からティンカ星に通信ができるのは、ティンカ星が最も地球に近づくときだけで、現在は通信できず状態はわからない。また、宇宙貨物社から新たな宇宙船を飛ばすとしても、U857の予定到着日から10日は遅れてしまう。

「スペース運送社の本部に連絡を取ったわ。乗組員は2名。通信不能で状態は不明。相手は許可を得た航路から完全に外れている。あなたの航路の邪魔になる場合は撃墜しても正当な行動とみなされ罪には問われない。それが宇宙よ。あとはあなたに任せるわ」

あなたが取れる手段は2つ。

スペース運送社の宇宙船を撃墜して進路をあけるか、宇宙船を避ける進路に切り替えて、別のワープポイントを使って地球に引き返すかだ。

さあ、あなたの決断は？

2人の命を確実に助けるか、500人に支援物資を届けるか

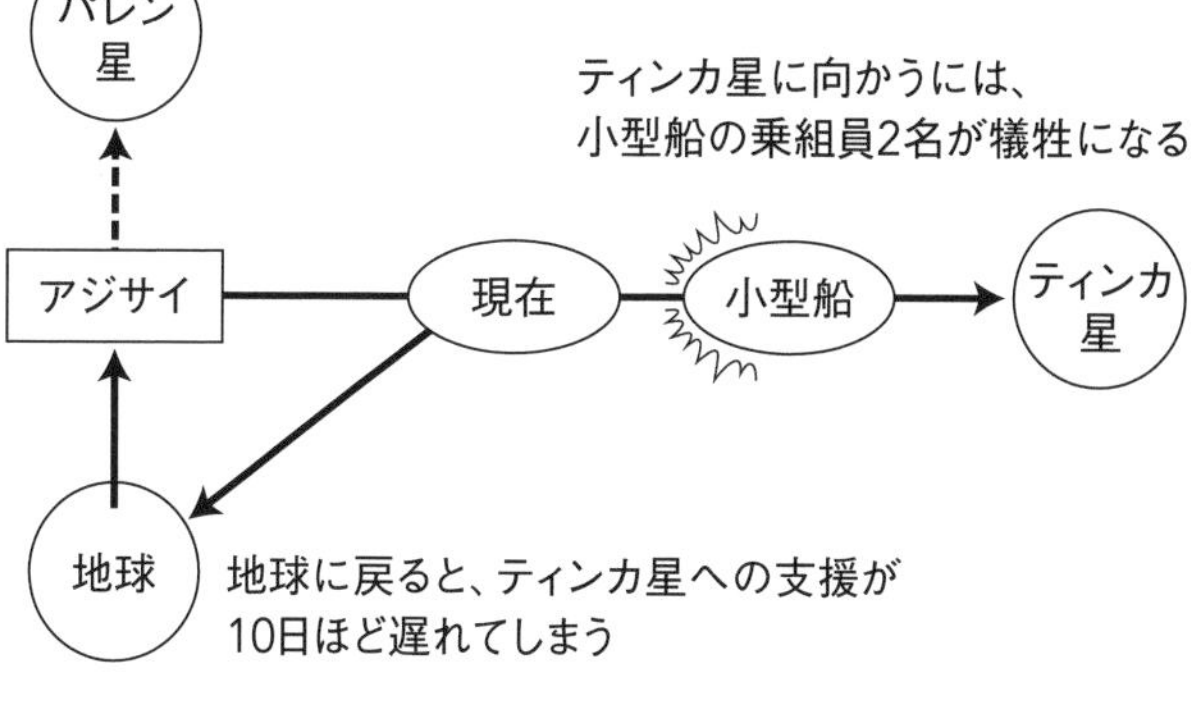
パレン星
ティンカ星に向かうには、
小型船の乗組員2名が犠牲になる
アジサイ
現在
小型船
ティンカ星
地球
地球に戻ると、ティンカ星への支援が
10日ほど遅れてしまう

解説

この「宇宙貨物社の支援物資」は、宇宙を舞台にしている倫理に関する思考実験だ。どちらの命を取るか、という思考実験はいくつかあるが、今回の場合、助けられる命の数は未知数であり、大規模な災害という以外に被害の様子もよくわからず不確定要素が大きい。

あなたがスペース運送社の宇宙船を撃墜した場合、2名の命が失われると考えられるが、音信不通で航路を大きく外れているという状況から、何らかの理由で地球に帰還不能で助からない状態になっている可能性もありそうだ。

私たちは普段から、限られた情報を頼りに判断を迫られる場面に数多く遭遇する。身近な選択では、口コミを見て商品を購入したり、お店や病院を選んだりすることだ。実際のことは買ったり行ったりしてみないとわからないが、なるべく情報を集めて判断を下す。あらかじめ見積もった中で最も悪いケースだった場合はどうしようか、などと考えてみたりもするが、想定しておけることも限られる。

「宇宙貨物社の支援物資」の場合、状態のわからない不確実な500人への支援と、確実に命を落とす2人とを比較し、さらに、助けなければ亡くなってしまうかもしれないこと、自ら殺すことになってしまうことを比較することになる。


この思考実験もアンケートを実施した。

多数派は地球に戻る選択で132人（66％）だった。多くの人は小型船の2人が無事であることを想定し、2人の命を奪うことを避ける選択をした。

・いくらティンカ星の人を助けるためとはいえ、2人を殺害することは倫理的にできない。
・ティンカ星の人が持ちこたえてくれることを祈って地球に帰還する。
・ティンカ星の被害状況は不明なのに、2人を確実に殺してしまう。

複数の人が、被害状況など不確実な要素の多いティンカ星と、小型船の2人の命を奪ってしまうという確実な要素を比較して、確実なほうを重要視したと考えられる。

一般的に人は確実な要素を重視する傾向にある。不確実な要素は軽視されやすい。

たとえば、100%の確率で10万円を受け取れるか、80%の確率で15万円を受け取れるとしたらどちらを選ぶだろうか？　多くの人は100%のほうを選ぶだろう。やはり80%のほうだと、残る20%が気になってしまう。選んだときに受け取れる金額の平均を計算すると、80%の確率で15万円のほうが高いのだが、わかっていても100%という確実性には大きな安心感がある。手術の成功率も、100%なら安心だが99%となると残る1%がちらついてしまい安心感はぐっと減ってしまう。人は確実なものが好きで、確実なものはとても重く感じられるのだ。

2人の命を奪ってまでティンカ星にたどり着いたとして、すでに壊滅的で支援物資の効果が薄いかもしれないとか、大規模災害の割に意外と自分たちで何とかしているかもしれないとか、不確実な要素が多いと、いかようにでも選択しない理由を考えることができる。そんな中で2人を確実に殺す選択は難しい。

一方で、68人（34％）の人は、小型船を撃墜してティンカ星に向かうと回答した。現時点でティンカ星に5日以内に到着できる宇宙船はなく、そんな中で、あと2日で支援物資と共に到着できる。それが多くの人を救うことになるかもしれない。その可能性を信じてティンカ星に進むことを選択した。

・相手が航路から外れているし通信不能なのだから仕方がない。このほうが合理的な判断だと思う。
・撃墜しても罪に問われないなら、2人を犠牲にしてでも500人を助けに行く。
・ギリギリまで手を尽くしてみるが、宇宙での支援は地球よりも困難なのだから、重要な任務と考えて撃墜を選択する。

支援物資をティンカ星に運ぶことを最も重要な課題と位置づけ、それを確実に実行する道を選んだ。小型船の回避ができるのならそれをするが、できないのであれば仕方がない。500人の中の多くの人が、支援物資が届かないことで命の危機に陥るという最悪の想定を回避することができる。ただ、一方で、確実な要素として2人の命は失われる。

また、支援物資が届かなくて命を落とす場合は〝助けられない〟だが、小型船の2人は〝殺す〟ことになってしまう。倫理的に考えると、殺すことは大きくためらわれるはずである。しかし、罪に問われないという宇宙のルールがあるという前提があるため、こういうものだと割り切ることもできるかもしれない。

NASAや中国などは、2030年代に火星への有人飛行を計画している。イーロン・マスク氏は火星への移住計画を宣言しているし、これから数年で地球以外の星が今よりももっと身近になっていくことは確実だろう。もし「火星に住めますよ、火星に旅行できますよ」と言われたらあなたはどうするだろうか？　NASAによると、新しいロケットエンジンを開発中で、それを使えば45日で火星まで行けるのだという。もし、1月1日に飛び立ったなら2月14日に火星に到着する計算になる。有人飛行が現実味を帯び始めていると感じられる。

もし、火星旅行のチケットが手に入り、時間も取れたとしたら、火星へ旅行したいと思うだろうか？　ティンカ星の500人のように先行して移住できて、様々な補助も受けられるとしたら、移住したいと思うだろうか？

16 最後通牒ゲーム

自分の得と他人の得のバランスはどこ？

ある国で、変わった宝くじが販売されていた。売り場に来ていたニコラスとジュリアの夫婦は、この変わった宝くじに興味を示した。

「当選者2名ごとに1000万円？　あー、つまり、1人500万円ってことでいいのかな？　まあ、買ってみるかな」

「いいんじゃない？　面白そうだし。どうせ当たらないんだから何でもいいわよ」

それから2か月後、ニコラスとジュリアは宝くじの存在をすっかり忘れていた。大学生の息子ミゲルは、リビングのタンスにしまわれていた宝くじ券を見つけると、当選番号をスマホで調べ始めた。そして、「おぉ!?」と声をあげた。

「これ、当たってるよ！　1等・2名で1000万円だって！　誰と？　なんだこれ」

それを聞いたジュリアは、リビングのソファに腰掛けながら、ミゲルの持つ宝くじ券に手を伸ばした。

「本当だ。当たってる。えぇと、19日の午後3時に指定の場所で受け取るんだって」

「19日って今日じゃないか！　場所は……自転車で1時間くらいかな。運動がてら自転車で行ってくるよ」

そう言ってミゲルがいそいそと準備をし始めた。

ニコラスは慌てて時計を見ると、時刻は午後1時半を指している。

「さっさと準備しないとな」

「わかってるよ」

ミゲルは身支度を整えると、宝くじ券をカバンに入れて玄関に向かった。

「じゃ、行ってくるよ。あとでメールするね」

指定の場所についたミゲルは、目の前の立派な建物に少し身構えた。

「ホテルかな？　えっと、この217番の部屋だな」

少しでも得するか？　不平等の不満を晴らすか？

部屋に入ると、宝くじ券に記載されていた会社名の名札を付けた女性が立っていた。

「当選したのは、2名で1000万円です。もう1人の当選者は別のホテルにいます。当選金額の分配はもう1人の当選者が行います。少しお待ちください」

ミゲルは10分ほどその部屋で待機した。

「ミゲル様、お待たせしました。もう1人の当選者は、自分に999万9000円、あなたに1000円と決定しました」

「は？　何、その差……？」

「ええ。その反応はごもっともです。ミゲル様には次のどちらかを選んでいただきます。1つ目は、このまま提案を受け入れ1000円を受け取ることです。もう1つは、提案を拒否すること。この場合はミゲル様ももう1人の当選者も0円となります。

ああ、それから、ご足労をいただきましたので、そのお礼としてこちらの紅茶のティーバッグアソートとクッキーとパンをお持ちください。どちらの選択をした場合でも、これはプレゼントです」

解説

この話は、有名な思考実験の1つである「最後通牒ゲーム」を元にしたものだ。最後通牒ゲームは、金額は場合によって異なるが、この話と同様に2人に対してお金が渡される。ただしその分配は1人が決めて、もう1人はそれを承諾するか、拒否するかを決定できる。承諾した場合は、その配分が採用されるが、拒否した場合は双方が0円となる。

今回の話に登場するミゲルは、もう1人が999万9000円で、自分が1000円という極端に不公平な提案をされてしまう。この1000円をどう考えるかによって選択が分かれる問題だ。なお、それまでの手間を取り返すとか、時間代くらいは稼ぎたいという気持ちを和らげるために、紅茶のティーバッグアソートとクッキーとパンというプレゼント要素を盛り込んだ。

まず、提案された1000円を、拒否した場合の0円と比較してみよう。1000円と0円ではどちらがいいだろうか？　当然、1000円のほうがいい。誰が見ても0円よりは1000円のほうが価値はある。しかし、今回の話はそう簡単なものではない。9999万9000円を得ようとしているズルいやつがいるのだ。どう考えても不平等である。

この話について著者が200人にアンケートを行ったところ、多数派は拒否で、124人（62％）がこれを選択した。その回答に最も多く登場した言葉は「不公平」「不平等」という不満である。そして、それを是正するために拒否を選び、双方0円という最も平等で公平な状態に持ち込むのである。自分は1000円がもらえないだけだが、相手は約1000万円が消えてなくなるのだ。全体の回答の傾向として、傲慢な相手にダメージを与えたい、反省させたいという、怒りを元とした「拒否」も目立った。他にも、相手が配分を決めるというルールは事前に聞かされていなかったため、納得できないという声もあった。プレゼントをもらえるから、拒否をして笑い話として持ち帰るという意見もあった。

一方で、76人（38％）は承諾を選んだ。0円よりは1000円のほうがいいという、

1000円と0円を天秤に乗せた意見が多かったが、相手から恨みを買いたくないという意見も複数あった。もし、守秘義務が徹底され、相手に自分の素性が確実に知られないという条件があれば、拒否の割合はさらに増えると考えられる。

また、承諾を選んだ側にも、体験談として持ち帰るタイプの意見はいくつかあった。「SNSで体験談を投稿してバズらせたい」とか、「SNSに笑い話として書く」「SNSでこのことを問題提起したい」など、SNSが普及した現代だからこその理由も散見された。

もし、あなたが相手の側だったとしたらどんな配分を提案するだろうか？　まず考えるのは拒否されてしまったら0円になるという点だろう。0円になってしまうなら半々を提案するほうが確実でいい。著者は過去に10万円をどう分けるかを200人に聞いたことがある。すると、半々の5万円ずつが75％を占め多数派となった。お互い顔も名前も知らず、会うことは今後ないと設定したので、相手の恨みを買う心配はないのにもかかわらずだ。

不公平を嫌う心理は、自分が配分を決める立場になった場合でも変わらず反映されるのだ。自分に6万円、相手に4万円くらいでも相手は承諾してくれるのではないかとも想像もできるが、半々を選択する人がこれほどまでに多かったのである。その理由としては、フェアだから、平等だからといった、平等や公平を心地よく感じる声が多くあったが、それだけではなかった。自分の取り分を多くすることに対して後ろめたいとか、自分が嫌な人間と感じてしまう、後から気にしてしまいそうなど、引け目を感じているコメントが多く、自分に対する嫌悪感を生みたくないという不安にも近い心理が浮かび上がってきた。

最後通牒ゲームは、分ける金額を少額にしたり、実際行うのではなくシミュレーションとして行ったりすることで、実施しやすい実験である。そのため、最後通牒ゲームを扱った論文なども多い。どうやら、日本だけではなく世界を見ても、相手の立場なら半々を選択して、冒頭の話のミゲルの立場なら不平等な提案を拒否する傾向が見られるという。利他的懲罰とも呼ばれる、自分が犠牲を払ってでも相手を罰したいという心理が働くのだ。これは平和な人間社会を営んでいくためにも重要な心理の1つであるともいえるだろう。

最後通牒ゲームは、自分が承諾か拒否かを決めるパターンや、配分を決めるパターン、配分を決めたうえで相手には承諾や拒否といった選択権がないパターンなど、様々なものがある。もし、自分だったらどうするだろうかと、いろいろなパターンで考えてみると、少し自分を客観的に知ることができるかもしれない。

17 瞬間転送サービス

いちど分解され再合成された自分は「自分」か？

「ついに完成しました！　こちらに乗っていただいて、私がボタン操作をするだけで瞬間移動することができます！」

開発責任者の関沢は、マウスを使った実験で完璧なる成功を見せた。

社長の道野は、サービスの開始時期を3年後に見据え、開発を急ぐことに決めた。

それから3年後、関沢は予定通り転送装置が完成したことを報告した。

「社長！　今、行先として選べるのは、札幌、名古屋、福岡、大阪、ニューヨーク、パリ、トロント、リオデジャネイロだけですが、今後世界中の都市にこの装置を設置していく予定です」

「この転送装置によって世界はぐっと近くなった。多くの人が利用する新たな交通手段になることは間違いない。そのうち通勤で使えるくらい身近になっていくだろうな」

道野は満足げな表情だ。

この転送装置の仕組みはこうだ。

利用者が装置の中の決められた場所に立つ。係員がボタンを操作すると、利用者は持ち物も含めて一瞬で分解され、すべての細胞のデータがスキャンされる。そのデータは転送先に送られ、正確に再合成される。これによって、利用者は一瞬で転送先に移動することができる。

転送前と転送後で、細胞レベルで少しも違いはない。だから、もちろん記憶も連続しているし、痛みを訴えた利用者はただ1人もいないのだ。

このサービスの開始から5年が過ぎた。

大きな事故も1度もなく、極めて順調に運用が続いている。行先として選べる場所はおよそ30以上の国に広がり、70か所に一瞬で移動することができるようになった。南極すらも行先の1つだ。価格も1回1万円と格安だ。

一度分解されたあなたは、本当に「あなた」のまま？

あなたはフリーランスでインテリアコーディネーターの仕事をしている。
珍しいカーテンの買い付けのために南アフリカのプレトリアに行くことになった。普通に行こうとすると、飛行機を乗り継いで20時間以上かかる。飛行機代も往復10万円は下らない。それが、転送所からであれば一瞬だ。転送所は、あなたの自宅から車で30分の距離にある。

あなたは転送装置を使ってプレトリアに行くだろうか？
それとも飛行機を乗り継いで向かうだろうか？

解説

瞬間移動は、アニメや映画、小説などでもたびたび登場し、存在しないものでありながら想像しやすい、身近な素材でもある不思議なシステムだ。

今回の「瞬間転送サービス」では、利用者は次のように転送される。

利用者を分解する。

←

すべての細胞をスキャンして、そのデータを転送する。

←

データを元に現地で利用者を合成する。

分解した時点で、その人は一度死んでしまっていると考えるのか、記憶が連続していて、細胞レベルで違いがないのだから、その人本人が移動したと考えるのかで利用するかしないかが分かれるだろう。

もし、「利用者を分解する」部分が抜けていたとしたらどうだろうか？　すべての細胞をスキャンしてデータを送り、転送先で合成される。利用者は「一瞬で南アフリカのプレトリアに着いた」と考え動き出す。しかし、分解していないから、出発地点にも利用者が残されている。出発地点の利用者と、プレトリアの利用者はどちらが本物なのだろう？　この場合、多くの人は、出発地点の利用者が本物で、プレトリアの利用者はクローンであると考えるだろう。しかし、この転送サービスは、利用者の分解を行っているため、プレトリアの利用者しか残らない。「瞬間転送サービス」は、プレトリアに到着した利用者を本物の利用者とすることで成り立っているシステムである。ファックスで送信したら、送信先で出力された用紙のほうが本物になるというイメージだ。確かに細胞レベルで違いはないし、記憶も連続しているのだから。

ところで、体内では毎日古い細胞が新しい細胞と入れ替わっている。これにより、けがなどをしても治すことができる。日々多くの細胞が新しい細胞に入れ替わっているのだから、この転送も、細胞の入れ替わりをいっぺんに行っただけと考えることもできそうだ。ただ、脳細胞など、入れ替わりが非常に少ない部位も存在するため、そう単純な話ではないかもしれない。

著者はこの瞬間転送サービスを使うかどうかについて200人にアンケートを行った。意見は分かれ、使うと答えた人が116人（58％）、使わないと答えた人が84人（42％）という結果となった。

以前、同様の転送サービスで、「5年間運用して大きな事故がない」という部分を「1か月前に始まったサービス」としたバージョンでアンケートを行った際は、使うと答えた人は48人（24％）と少数派であった。5年間の運用実績が「使う」と答える人を大幅に増やす結果となったと考えられる。つまり、このサービスが本当に始まったとしたら、最初こそ利用者は少ないものの、徐々に浸透していくのではないかと思われる。もちろん大きな事故がないことが条件だ。

今回のアンケートの話に戻ろう。使うと答えた人の意見は次のようなものだった。

・分解という部分に怖さはあるが、飛行機などの他の交通手段も事故の可能性がある。必要以上に心配することはなさそうだから。
・時間も価格も大幅カットできるうえ、移動のための体力も使わないから。

近年さかんに言われるようになってきたタイパ（タイムパフォーマンス）やコスパ（コストパフォーマンス）を考えると、確実に転送装置に軍配が上がる。飛行機と比べ物にならないほどに優れているのだから、使わない理由はないという意見が出てくるのも頷ける。しかも5年間大きな事故もないのだ。このサービスには確実な安全性と、信頼性が重要で、この5年間の運用実績は非常に高く評価されていた。

一方で、使わないと答える人の多くは、分解されることに懸念を示した。分解されるということは、その瞬間に死んでしまうのではないかと考えるのだ。さらに、果たして分解されて再合成されたあなたは、本物の「あなた」なのだろうか？　分解されたときに死んでしまって、新たな生命体があなたの記憶を伴って誕生していると考えたらどうだろう？新たな生命体には元のあなたの細胞は1つも含まれていない。精巧に作られた模倣品と考えることもできる。この場合、転送サービスを利用する前と、プレトリアに着いた後のあなたは別人ということになるのではないだろうか？

また、分解という行為自体に恐怖を感じるという声もあった。本当は分解に強すぎるほどの痛みがあるのに、その記憶はうまく消去して転送していたとしたら利用者は気づくことはない。もし、スキャンされたデータを悪用されたら、あなたを何人も作ることができそうではないか？　未知の技術は多くの疑問や不安を生み出すものである。

現実にこのような装置は存在しないが、量子のもつれを利用した情報のテレポートは実現している。これは、互いに関係している2つの光の粒子の片方が持つ情報をもう片方に転送するというもので、多くの人が思い描くテレポートとは異なるが、未来の転送技術の礎《いしずえ》を築く技術になるのかもしれない。

もし、本当に転送ができる世界がやってきたら、世界はどのように変わるのだろうか？

18

透明人間になったら何をする？

ギュゲスの指輪

とある国で、大富豪のマユラは、ある茶器を探していた。

50年前、持ち主が亡くなってから茶器の行方はわからなくなっているという。元の持ち主は、相続する人もいなかったため、資産のほとんどは国のものになったが、この茶器は紛失してしまったということで、誰のものでもなくなっていた。つまり、見つけた人のものだ。

マユラは、自分のところに持ってきてくれたら、5億ピグニを支払うとメディアを通して伝えた。5億ピグニといえば贅沢をし続けても使いきれないくらいの大金だ。一生お金には困らないだろう。

イリスは、遺品整理の仕事をしている。

この国では遺品整理は国から派遣された職員によって行われている。イリスはその一員として、今日も遺品整理の仕事にあたっていた。

ある休日の昼、森の中を散歩していると、変わったデザインの指輪を見つけた。その指輪を身に着けて、宝石の土を落とすためにこすったとき、自分の姿がすっかり消えていることに気が付いた。指輪を含め、着ている物や持ち物すべてが透明になっている。再び宝石をこすると元に戻った。

イリスは何か使い道があるかもしれないと思い、指輪を持って帰ることにした。

その帰り道、イリスはたまたま翌日に仕事をする屋敷の近くを通った。下見をしておこうと屋敷の庭を歩いていると、家の中に人目を引く茶器を見つけた。遺産整理の仕事で様々な貴重品に触れているイリスは、すぐにそれが大富豪のマユラの探している、あの茶器だとわかった。

この家の持ち主には相続する相手はいない。今はカギを持っていないため、入ることはできないが、明日は間近に見ることができるだろう。

翌日、イリスは別件を済ませたあと、仲間に遅れて屋敷の中に入ることになっていた。屋敷に行くと、まだ茶器があった部屋は手付かずのようだった。

「もし、指輪で透明になれば、確実に誰にも知られず茶器を手にすることができる。昨日の昼に歩いた森は近いから、森の中で見つけたことにしてしまえばいい。茶器はこの家の主のものだったが、相続する相手はいないから国のものになってしまうだけなのだし……」

もし、あなたがイリスなら、透明人間になって茶器を手にするだろうか？

指輪で透明になれば、誰かに知られることは確実にない。森の中で見つかったというイリスの証言を疑う人も誰一人いない。１００％誰にも知られないことをわかっているとして、じっくりと考えてみてほしい。

誰にも知られずに欲しいものを盗めるとしたら……？

解説

この話は、「ギュゲスの指輪」を元にして作られた思考実験である。ギュゲスの指輪のストーリーは次のようなものだ。

その昔、ギュゲスという名の羊飼いの男がいた。ある日、大きな地震が起きて地面が割れた。ギュゲスはその割れ目の中から金色の指輪を見つけた。これがギュゲスの指輪である。

ギュゲスはその指輪を指にはめた。そして、その指輪の宝石を指の内側に回してみると、自分の姿が透明になるという特殊な力に気が付いた。宝石を元の位置に回すと姿も元に戻る。ギュゲスはその指輪の力を使って王妃のところに忍び込み、王妃を誘惑した。そして、王妃と共謀して王を殺し、自らが王になったという。

この話によって問いかけられるのは、透明になれる指輪を手にしたとき、その力をよからぬことに使ってしまうのかということである。さらに、その力で私利私欲に走った場合、それは幸せなのかという問いでもある。

筆者はこの思考実験についてアンケートを行った。意見は分かれたが、多数派は125人（62・5％）で「茶器を手にしない」だった。「茶器を手に入れる」と答えた人は75人（37・5％）で、8人に3人は茶器を手に入れるほうを選んだ。

「茶器を手に入れない」と答えた人の多くは、後悔、後ろめたい、罪悪感といった、心理的な言葉で理由を綴っていた。茶器は見つけた人の物ではなく、この場合は茶器があった家の持ち主のものであると考えるべきだろう。ゆえに、たとえ誰にもばれずに大金を得られるとしても、人の家にあるものを手にするのは窃盗であり、不正な行為である。それに対して良心が痛み、後ろめたさが残ることから、正々堂々と生きていくことが難しくなるという趣旨の回答が多かった。

中には「透明人間になれる指輪」を使って稼げばいいという回答もあったが、透明人間になれるという能力でどれだけ稼げるかは未知数で、難易度は高いかもしれない。

今度は「茶器を手に入れる」と答えた人の回答を見ていこう。こちらに多く出てきた言葉は「誘惑」「誰も損をしない」「大金」「チャンス」だった。100%ばれることなく、誰かを苦しめるわけでもなく茶器を手にすることができるのであれば、それは大きなチャンスである。そう考えて茶器を手に取り、「森の中で見つけた」と言って、大富豪のマユラに売ることを選んだ。回答には、「正義感だけで、それだけの大金を棒に振る決断はできない」という正義感と天秤にかける意見や、「100%ばれないなら茶器を手にしない理由がない」という天秤にかける必要性さえ感じさせない意見もあった。

ギュゲスの場合、王妃のところに忍び込んで誘惑したり、王を殺したりといった悪意に満ちた計画的な犯罪を行った。しかし今回の話の場合、被害者と呼べる人は存在せず、損をするといえるのは国ということになる。それも相続が発生しなかったから国が「棚から牡丹餅《ぼたもち》」を得るだけなのだから、手痛いダメージを与える意味合いは薄いだろう。誰も困らせない窃盗事件ということになりそうだ。

しかしここで大きく問題となるのは、指輪の力を使って、この茶器で大金を得たとして、それで幸せになれるのかという点である。

これを、自分の外部からもたらされる外的要因と、自分の内部から生まれる内的要因に分けて考えてみたい。

通常、罪を犯せば捕らえられ、その罪を償うことになる。または逃げ通すわけだが、見つかるかもしれないというリスクと隣り合わせになるだろう。これは外的要因にあたる。しかし、今回の茶器の場合、見つかる可能性はゼロであり、何のリスクもない。つまり、外的要因から踏みとどまる理由はないと言えそうだ。

一方で、内的要因はどうだろうか？　自分の性格や考え方という内的な要因によって、茶器の入手を踏みとどまることを考えていこう。誰にも知られなくても、窃盗を犯したくないという心のブレーキや、茶器で大金を手にしたら罪悪感がずっと残ってしまうという心の重荷を嫌がる気持ちが人にはあるものである。自分が悪いことをしたのだという良心の呵責《かしゃく》に悩むことで、幸せになることができないと感じる人が多いということだろう。

もし、あなたが透明人間になれる指輪を手に入れたとしたら、どのように使うだろうか？「売る」とか「誰かに譲る」ではなく、使い道を考えてみてほしい。透明人間というスキルは、どちらかというと悪い使い方の想像をするほうが容易である。そうではなく、良い使い方を考えてみると、面白いアイデアが浮かんできそうだ。あなたはどんなアイデアを生み出しただろうか。

19 洞窟の比喩

誰もが何かに囚われている

14歳になるアメリアは、生まれてからずっと岩と土でできた巨大な要塞の中で暮らしてきた。この巨大な要塞で3000人ほどが一緒に暮らしていて、彼らもまた生まれてから一度も巨大要塞の外に出たことがない。

上部から差し込むわずかな光とろうそくの炎以外に光はなく、常に薄暗いところで生活していたが、アメリアにとってはそれが普通なので、何の疑問も抱かなかった。アメリアにとっても他の住民にとっても、この巨大要塞こそが世界のすべてなのだ。

日に何度も、巨大要塞の地面をあやしい影が通り過ぎる。人々は触れてはいけないと恐れ、大騒ぎをしてそれを避けた。

アメリアの友人であるルーカスは、上部から差し込む光に強い興味を持っていた。

「一体この光は何なのだ。ろうそくの炎とは明らかに色が違う。あの穴の先に何があるんだ？　何としてでも知りたい」

アメリアはルーカスの好奇心が全く理解できなかった。

「ルーカス、あの光は世界の外から来ているって学校で教わったでしょう？　この要塞の外には何もないのよ。３００年前に外に出た人が帰ってこなかったと聞いた。危険なのよ。絶対に行かないほうがいい」

ルーカスは湧き上がる冒険心を抑えきれなかった。

ある日、危険を顧みず崖を上り、光が漏れる穴から外に出てしまったのだ。巨大要塞の住民たちはあきれ返って愚かなルーカスを哀れんだ。

それから3年が経ったころ、巨大要塞の上部から一本のロープが下りてきた。

そして、そのロープをつたってルーカスが戻ってきたのだ。

アメリアは驚いてルーカスのもとに駆け寄った。

外の世界はここよりもっといいところなのか……？

「アメリア、ああ、みんな、久しぶり。外の世界はすごいよ！　世界は広いんだ！　それにどんなに離れた人とも話せるし、空だって飛べる！　さあ、みんなも行こうよ！」

しかし、巨大要塞の住民たちは一様に首を横に振った。かわいそうなルーカスはおかしくなってしまったのだと口々に話し、だれもルーカスの話を信じなかった。

アメリアはルーカスがおかしくなったとは信じたくなかったが、やはり、ルーカスの言うことは間違っていると感じていた。

アメリアはルーカスを信じるべきだろうか？

もし、あなたがルーカスなら、アメリアを外に連れ出そうとするだろうか？

そして、巨大要塞の住民たちをどう思うだろうか？

解説

この思考実験は、古代ギリシアの哲学者プラトンが著書『国家』の中でイデア論を説明する際に用いた、たとえ話「洞窟の比喩」を元にした物語である。

あなたは要塞に暮らす人々のことをどう思っただろうか？　アメリアたちは、真実を知らない哀れな人々だろうか？　アメリアたちは、広い世界を知らず、スマートフォンや空を飛ぶ乗り物のことも知らずに生活をしている。世界など知らなくても、普通に生活しているのだからそれでいいのではないかと考える人や、広い世界を知れば、いろいろな経験ができて楽しいから外に出たほうがいいと考える人もいるだろう。

ここで、プラトンの洞窟の比喩を見ていこう。次のような話である。

洞窟の奥に複数の人がいる。彼らは全員が洞窟の最奥の壁のほうを向き、後ろを振り向くことはできない。そして、洞窟の外からの光によっていろいろな影が彼らの前に映し出される。彼らは影しか見ることができないため、影こそが本物だと考える。人や鳥や馬車など、あらゆるものは彼らにとっては黒くて壁を沿うように通り過ぎる物体である。彼らにとってはそれが普通なので、全く疑問を持つことはない。

ある日、その中の1人が外に連れ出された。最初は太陽がまぶしすぎて苦痛を感じたが、やがて目が慣れてくると、ようやく真実を知ることができる。自分が見ていたものは影にすぎず、真実は違うところにあったのである。

プラトンは、我々が普段目にしているものは、洞窟の奥の影のようなもので、真実の姿は別のところにあるとする。たとえば、円を想像してみてほしい。今頭の中に描かれた円は、きっと現実の世界のどこにもないものである。紙に円を書いても、パソコンで円を書いても、フラフープや輪ゴムを持ってきても、それはあなたの頭の中に描かれた円ではない。どんなに正確にペンで円を描いたとしても、限りなく円だと思われるお皿を持ってきても、コンピューターで美しい円を表示させても、拡大していくと必ずどこかでほころびが出る。境界線がぼやけていたり、ゆがんでいたりするのだ。私たちは頭の中でしか真実の姿を見ることはできない、頭の中に描かれた円が円の本質＝イデアなのである。

今回の思考実験に登場するアメリアたちは、広い世界を知らないが、存在自体を認識していないので、知ろうと思うことすらできない。そして、ルーカスの話は唐突すぎてとうてい信じられるものではなかった。今いる場所から違う場所に行くのには、ときに大きな抵抗を感じるものだから、ますます知ろうとしない。

要塞の中の人々は、会社や学校などの組織に属する人に似ている場合がある。組織に属する人の中には、生活の大部分が組織に影響され、組織の中こそがその人の世界のすべてのようになってしまう人もいる。そして、唯一の居場所である組織がその人にとって我慢ができないような辛い場所になったとき、どうすることもできなくなってしまうのだ。ルーカスのように外に出ることができればいいが、アメリアたちのように、外に出るという考えすら持てないことも多いだろう。なぜなら、その人にとってそこが世界のすべてで、別の世界など認識できないからだ。

危機に陥ったとき、ルーカスが現れてその人を外に連れ出したとしたら、その人は「組織だけが世界ではなかった」と気づくことができる。しかし、外に出るという選択肢を持っていない人を連れ出すのは至難の業だ。

ルーカスが洞窟の中の人に何を説明しても、おかしなことを言っているとしか思われない。もし、アメリアが洞窟の中の人たちに「できないやつ」と思われてしまったとしたら、アメリアは世界のすべてからできないと決め付けられたことになってしまう。そんなアメリアをルーカスが外に連れ出したとしたら、アメリアは世界がもっと広かったことを知り、自分が居たところは世界の小さな一部分でしかなかったことに気づくだろう。

組織以外にも、私たちはいろいろなものに囚われてしまうことがある。1つのやり方に固執してしまったり、一定の枠の中でしか考えられなかったり、同じ範囲でしか買い物をしなかったりする。それが当たり前になってしまい、外の世界を意識できないのだとしたら、それは「洞窟に暮らす人々」である。

私たちは、少しやってみようと舵を切るだけで、普段とは違うところに行くことができる。思考ややり方、場所、出会う人々など、洞窟の中に囚われてはいないかと意識してみるだけで違う景色が見えるかもしれない。また、アメリアたちが外に出ようとも思わなかったように、私たちには想像すらしない世界が多数存在するはずだ。そう思ってみるだけでも、日常の小さなことから、何らかのヒントを受け取ることができるのかもしれない。

20 命への値付け

個々の人生に価値をつけられるのか

ある国の劇場にスペースデブリが落下した。これによって2000人もの人が命を落とすという大災害となった。

このスペースデブリは、この国が実験として宇宙空間に放った人工衛星に、この国が打ち上げたロケットが衝突してできたものだった。よって、遺族たちは国が宇宙開発を行ったせいであるとして、国に補償を求めた。

国は、補償金を支払うことを決定し、その金額の決定をこの国で最も有名な弁護士であるサミュエルの事務所に任せることにした。

サミュエルは弁護士事務所の仲間と共に適正な補償金の計算を始めた。

この事務所で働く弁護士のカトリンは、犠牲者とその家族のリストを作成していた。

「サミュエルさん、この方の情報、見てくださいよ。お子さんが5人も。2歳から14

歳とまだ若いんです。教育費とか、まだまだかかりますよね」

「そうだね」

「あ、こちらの方は大会社の会長です。ご遺族の方は大きな収入を失ったことになります」

「たしかに」

「この方は学生ですね。ああ、有名な画家も犠牲者に含まれています」


サミュエルは考えた。

支払う金額は全員同じにすべきという声と、変えるべきだという声がある。

収入のない学生と、一家の大黒柱だった大会社の会長に同じ額を払うべきだろうか？

すでにリタイアしている90歳の人と、30歳のエンジニアならどうだ？

0歳の赤ん坊は？

まだまだ手のかかる子どもが5人いる人と、子どもがいない人はどう比べる？

サミュエルが悩んでいると、カトリンがこんな疑問を口にした。

命の補償は人によってその額を変えるべきなのか

「人の命に値付けを行うなんて……やっぱりできないですよね。絶対に不満の声が出ます。〝私の息子より会社社長の命のほうが価値があるというのか！〟って。どうやったって不公平だと思いますし、命の重さは誰だって同じです。金額は全員同じほうがいいのではないでしょうか？　少なくとも理解は得られやすいと思います」
「いや、そうなると、その金額をいくらにするのかが難しい。どこに合わせるんだ？たとえば50万ドルという金額だとして、それを十分と思う人もいれば、全く足りないと思う人もいるだろう。全員が満足する金額なんて、この国の税金から払うことはできないしな。一人ひとりに見合った金額があるのではないだろうか？」

さて、国が支払う補償金は、すべての被害者の遺族に同じ金額を支払うべきだろうか？
それとも1人1人に異なる金額を支払うべきだろうか？

解説

アメリカの同時多発テロの被害者救済のために設けられた9・11被害者補償プログラムを題材とした映画がある。この映画、『ワース 命の値段』では、命に価格を付けることに対する人々の心理を読み解いていく。「あなたの人生はいくらですか？」と問いかけられたら、あなたはどう答えるだろうか。

『ワース 命の値段』は実話を元にしている。調停のプロとして名高い弁護士のケネス・ファインバーグが9・11被害者補償プログラムの特別管理人を無償で引き受け、彼のチームが被害者や遺族たちと向き合っていく姿が描かれている。このプログラムで、ファインバーグらが補償金の算出に用いた大きな要素は犠牲者の収入である。果たして、命の値段は過去の収入で決まるのだろうか。

この問題に対して、著者が独自に200人にアンケートを行った。他の思考実験でもたびたびアンケートを実施してきたが、この思考実験に対しては、他の思考実験に比べても長文で回答してくれる人が多かったように思う。多くの人を悩ませる難問であったようだ。

改めて、「命への値付け」のアンケートを見ていこう。「補償金はすべて同じ金額のほうがいい」と答えた人が153人(76・5%)と圧倒的多数となった。

・法の下では命は平等。地位や年齢で差をつけるべきではない。
・同じ重さの命を失ったのだから、同じ金額であるべき。
・遺族もそのほうが納得できると思うから。
・個別に設定するのは時間がかかりすぎて、必要な補償が遅れてしまう。

多くの人は、命の価値は誰でも同じであると回答した。たとえば、役職にあるため高収入だから補償金も多く、非正規雇用で収入が低いから補償金は少ないというのはおかしいと多くの人が感じた。

「命への値付け」の場合、補償金の対象となったのはスペースデブリによる事故で、国が責任を認めているという原因のはっきりしたものだ。全員が同じ理由により価値が等しい命を失っているのだから、補償金も一律であるほうが納得しやすいとも考えられる。
また、一律であれば支給も素早く行われるというスピード感も支持を集めた理由となった。

一方で、47人（23・5%）の人は「補償金は一人ひとりに設定したほうがいい」と答えた。この問題では、「命への値付けというわけではないが」と前置きをして、その人の人生や職業などに値付けを行うということには反対とする人も多く見られた。

・年齢に応じて、寿命の長さで支払えばいいと思う。0歳の赤ん坊が最も高額になる。
・未来に稼ぐはずだった金額に応じて補償金を決めてほしい。
・人それぞれに違いがあるのだから、補償金にも違いがあるべき。
・稼ぎ頭を失った人への補償を手厚くしてほしい。

最も多かったのは、年齢に応じて支払うというものと、未来に稼ぐはずだった金額に応じる計算方法であった。

ある被害者が、この事故がなければ生涯に得られるはずであった利益のことを「逸失利《いっしつり》益《えき》」という。収入から生活費を差し引いた金額として計算される。逸失利益は交通事故の際に請求できる損害賠償の1つだ。赤ん坊など、まだ就職していない人の場合は、平均賃金を元に計算される。

逸失利益を基準として個別に補償金を決定するという方法は、一定の理解を得られる一方で、人の可能性は計算できないし、未来のことは誰もわからないという反発もある。さらに、逸失利益が多いからといって補償金が多くなること自体に納得しない人も多いことはアンケートの結果からも見て取れる。

そこで、逸失利益を職業などに関係なく年齢のみで計算しようという考え方が生じた。年齢は確実な数字であり、平等に年を重ねるものなので、職業などで差が出る計算方法よりは反論は出にくいと予想できる。

阪神淡路大震災の際、政府は「災害弔慰金及び災害障害見舞金」を支給した。その金額は十分なものではなかったが、一律ではなく個別でもなく、「一家の大黒柱であるか」のみによって分けられた。今回の思考実験で考えると、中間的な第三の選択肢ともいえる方法だ。

命の重さは平等だが、社会に影響する大きさは個人で異なり、その人が亡くなったことによる損失も一人ひとり違う。おそらく、どの方法を採用しても不満は出てくるだろう。これが正解という確かな方法は存在しない難題である。

もし、あなたが弁護士のサミュエルだったとしたら、遺族たちにどう向き合うだろうか？

また、どんなルールを提案するだろうか？

21 ケインズの美人投票

投票先はどう決める?

山下はあるパーティに招かれた。ホテルの一室に設けられた会場に入ると、壁に女性の顔写真が貼られている。

写真には1番から20番までの番号が振られていて、それ以外の情報は一切ない。そして参加者は500人ほどだ。

パーティの開始時間になり、主催者が壇上に上がった。

「皆様、本日はお忙しい中、パーティへのご参加をありがとうございます。さて、壁には20人の女性の写真が貼られています。これから皆様には1人1票を投じていただきます。最も美しいと思った女性を選んで、その番号をお配りした紙に書いて、この投票箱に入れてください。1位に選ばれた女性に投票していた方全員に、スペシャルなプレゼントを用意しています!」

「1位に選ばれた女性に投票していた人にプレゼント？　もし、自分が7番の女性に投票して、7番の女性が見事1位になったとしたら、プレゼントをもらえるということか」

部屋の片隅には、おそらくプレゼントとして用意されたと思われる品物が積んである。なかなか魅力的な品物であり、参加者たちはきっとみんな欲しいだろうと感じた。

山下は、参加していた人の中で気が合いそうと思えた、里原と書かれたネームプレートを付けている人に話しかけた。

「7番の女性、綺麗ですよね。16番もいいですが」

すると、里原は違う意見のようだった。

「私は11番ですかねぇ。次が16番です」

山下はこう考えた。

（もし、僕と里原さんだけの投票だったとしたら、きっと僕は11番に投じるのが正解だということなのだろう。でもここには500人も投票に参加する人がいる。それなら16番の女性は平均的にいろいろな人に好まれる顔なのかもしれない）

山下はプレゼントを手にするために、15人程度に探りを入れた結果、優勢と感じられたのは9番の女性だった。16番の女性は複数の人の2番〜3番手であるという印象だった。

山下自身は7番の女性が最も美しいと感じている。

さて、誰を選ぶのが「正解」なのだろう？

「さて、誰に投票すれば自分が得をするだろう？」

解説

この話は、「ケインズの美人投票」を元に作られた思考実験である。「ケインズの美人投票」は、経済学者のジョン・メイナード・ケインズが、株式市場で利益を上げるために投資家たちが行う取引を美人投票に例えたものである。この美人投票は、100人の女性から美しいと思う6人を選んで投票し、その結果が一般と最も近かった人に商品がプレゼントされるというもの。もし、商品が欲しいと本気で考えるなら、自分の好みでの投票などしないだろう。結果がこうなるだろうと予想して、最もそれらしいと思える6人に投票するはずだ。

話を単純にするために、音楽番組を例に考えてみる。

音楽番組で、とある人気歌手が3曲を歌唱する。その3曲はおよそ50曲の中から人気投票で選ばれる。1位から3位までの曲が番組で流れるのだ。

あなたにはAという好きな曲があるのだが、認知度が低いためまず選ばれることはないと感じている。一方で、1位と2位になる曲は見当がついている。おそらく、いやほぼ確実にBとCという曲だ。間違いない。3位と4位を争うことになりそうな2曲も見当がついている。DとEという曲だ。このどちらかの曲がオンエアされることになるだろう。あなたは、その2つの曲でなら、Eのほうが好きな曲で、今聞きたいのはやはりEだ。Dの曲はあまり好みではない。

このとき、あなたはどの曲に投票するだろうか？　おそらくEに投票するのではないだろうか。もちろん、自分が最も好きであるAに投票するのもいいが、この企画は全体のランキング発表の企画ではない。3位までに入らないと意味がないのだ。そうなれば、Aに票を投じても何の効果もないだろう。DよりもEのほうが聞きたいという気持ちを優先したほうが、この企画においてはあなたの票は活きてくるはずだ。

これは、選挙で投票する候補者を選ぶときにも巡らせる思考だろう。最も応援したい人がいるが、あなたはその候補者が当選する確率は全くないと考えているとする。そして、最も当選してほしくない人が当選ギリギリのラインにいると予想されたら、どう行動するだろう？　この場合、最も応援したい人に投票したい気持ちを抑え、その対抗馬に投票するという行動は理にかなっている。現実を動かす可能性のある候補者に1票を投じるのだ。このように、自分が最も好きだとか応援したいという気持ちだけでは投票先は決まらないものだ。

話を今回の思考実験に戻そう。1番人気に投票することがプレゼントを獲得する条件なのだから、プレゼントが欲しいなら自分の好みよりも参加者の好みを読み取るほうに舵を切ったほうが賢明だ。

ただ、ここで1つ困ったことが起きる。プレゼントが欲しいのはきっと山下だけではないということだ。すると、「一番人気に投票したい」と多くの人が考え、その全員が自分の好みよりも一般的に好まれる女性を選ぼうとする。すると、本来の人気投票とは違う結果になることが予想できる。

こうなると山下は次のように考えなければいけなくなる。

「みんなが〝こういう顔が一般的に好まれるだろう〟と思う顔はどの女性の顔だろう？　み

んなが〝世間の美人とはこういう顔だ〟と認識している顔に一番近いのは何番の女性だろう？」

こうなると、どこまで考えればいいのかキリが無くなってくる。考えすぎておかしな選択をしてしまうかもしれない。それは山下以外の参加者にもいえることだから、この美人投票の結果はちょっと変わった結果になってしまう可能性もあるだろう。

株式投資をしたことのある人は、投資をする企業を選ぶとき、その企業の業績や将来を見据える以外にも、株価を左右する大事な要素があることをよく知っているだろう。B to B（企業向けサービス）を主とする企業より、B to C（一般消費者向けサービス）を主とする企業のほうが、知名度が高いため人気が出やすい。魅力的な優待品がある企業にも人気が集まる。また、デイトレーダーなどの取引が多い企業の株価は乱高下しやすくなる傾向があるだろう。ケインズの美人投票のように、他の参加者たちの心理を読み解かないとうまくいかないのだ。

発売前に、商品Aより商品Bのほうが売れるだろうと人気を見据えて商品Bを多く製造したが、商品Aがヒットする。渋滞を避けて迂回ルートを選択したが、同じように考えたドライバーが多く予想以上に混んでいた。私たちはビジネスや日常で、ケインズの美人投票を何度も行っている。より良い選択をするために洞察力をもって推理するわけだが、人の心の中を正確に読み取ることなどできないし、何が一般であり普通なのかを正確に把握することもできないのだから、考えすぎると迷宮に迷い込むことにもなりかねない。

あなたがもし、ケインズの美人投票のような人気投票の結果を正確に推理することができるとしたら、どんな未来が開けるだろう？　今はＡＩを使った解析が進んでいるから、予測の精度も格段に増してきているはずだ。あなたが今思い描いた未来は、近い将来にやってくるのかもしれない。

22 予定説

運命はあらかじめ決まっている？

相崎カナは、昨日見た番組でなんとなく死後の世界が気になった。この手の話が好きな友人の前田アオイに電話すると、アオイは予想以上にノリノリに話し出した。

「カナってそういう話あまりしなかったよね？　やっと興味持ってくれた？」

カナは軽い気持ちでアオイに話したことを少し後悔した。これはまずい勘違いをされたようだ。

アオイは続ける。

「死後の世界って大まかに天国か地獄かってところがあるでしょ？　それで、天国に行けるかは生前の行い次第、つまり本人の努力次第って思っている人が多いと思うの」

いまさら「そもそも天国も地獄も信じていない人が結構多いと思う」なんて言い出

せず、カナは黙って話の続きを聞くことにした。

「それで、アオイはどう思っているの？」

するとアオイは、よくぞ聞いてくれましたと言わんばかりの張り切った口調で話し出した。

「私はね。あらかじめ決まっていると思うの。誰かが言ってたけど、生まれつき天国に行くか地獄に行くかは決まっているの。天国に行くって決まっている人は、生前の行いが良いし、地獄に行くと決まっている人は生前の行いが悪いのよ」

カナは大いに混乱した。

「ええっと……？　ん……？　逆じゃないの？　生前に良い行いをしたから天国に行くのでしょ？」

「違うのよ！　カナは今、成功してるって思う？　社会にとって良い人生歩めてるって思う？」

カナは質問の意図がよく理解できないまま答えた。

「まあまあかな？　介護士として人様のために頑張ってるし、昨日も休日を使ってボランティアに行ってきたし……。成功かはわからないけど、悪くないんじゃないかな？」

「天国行きって決まっていた人なのかもしれないね！」

「それならカナは生まれたときに天国行きって決まっていた人なのかもしれないね！まだわからないけれど」

アオイが言うには、人は生まれつき天国に行くか地獄に行くかが決まった状態で生まれてくるらしい。

そして、天国行きの人は成功するし、地獄行きの人は成功しない。すべては決まっているのだという。

もし本当に生まれつき天国行きと地獄行きが決まっているのだとしたら、あなたは何を考え、どんな行動をするだろうか？

また、天国か地獄かという視点ではなく、人生全体があらかじめ決まっているとしたらどうするか、ということも考えてみてほしい。

解説

人は生まれつき天国に行く者と地獄に行く者が決められているとする予定説は、フランスの宗教改革者であるジャン・カルバンが唱えた、神の絶対的な権威を主張したものである。

カルバンによると、良い行いをしたからといって天国に行けるわけでもないし、教会に寄進したかどうかも関係ない。神は救う人間をあらかじめ決めているから、私たちが何をしようと関係ないというのだ。努力しようと、祈ろうと、微塵も影響はしない。

こう言われると堕落する人も出てきそうだが、そういう人はおそらくもともと神によって地獄に行くことが決められた人たちなのだ。神に救われる人たちは堕落したりしない。なぜなら、神が救うと決めた人たちなのだから。

あらかじめ決められているとなると、救われる側の人が悪事を働いたらどうなるのかという疑問が湧きそうだが、この場合は次のどちらかであると考えられる。

・救われる側の人間は、そもそも悪事をしない。

・救われる側の人間は、悪事をしてもその後に許される。

救われることは決まっているのだから、このどちらかにならないとつじつまが合わないのである。

自分が行く場所が天国か地獄かがすでに決まっているのなら、それを知りたいと考えるだろう。カルバンは、知りたいのであれば今の仕事を一所懸命に行うことだと教える。神に与えられた仕事を全うすることで、天国に行けるかどうかが確信できるのだと言う。天国に行ける者であれば仕事で成功し、そのお金で天国行きに繋がるような徳を積むこともできるということだろう。お金を貯めることは卑しいとされてきたカトリックの中で、カルバンは、頑張って稼ぐことを推奨したのである。

ただ、頑張ったからといって天国に行けるかどうかという結果は少しも変わらない。これでは努力も空しくなりそうだが、それで努力をやめるような人はそもそも神に救われる人ではないのだろう。しかし、なぜカルバンは、頑張って善行を積むことで神に救われるという考えを否定したのだろうか？

カルバンはこう考えた。もし、努力で結果が変わるのだとしたら、神は努力した人を救わなければいけないことになってしまい、神の絶対的な権威が否定されてしまう。人の行いごときで神の選択が変わることはないのだ。

カルバンの予定説を受け入れると、私たちの未来はすでに決まっていることになる。神に救われる人たちは素晴らしい人生を歩むことになるのだろう。あなたの人生があらかじめ決まっているなら、あなたが今まで努力してきたものは、元から努力できることが決まっていたことになる。あなたが頑張ったというより、運命がそうなっていた。迷った末に諦めた夢があったなら、もともと叶わないことは決まっていたのだ。

次にあらかじめ人生全体が決められていたらどうかという視点で考えてみたい。私たちは1秒前までの出来事は過去であると認識している。すでに過ぎたことで、今から修正もできないし、1秒前までの人生は「決まった」ものとして受け入れるしかない。反面、未来はこれからやってくる。それはまだ「決まった」ものではなく、私たちがいかようにも変えることができるものであるはずだ。

たとえば、次の休日に遊びに出かけることもできるし、家でゴロゴロと過ごすこともできるだろう。それがあらかじめ「決まっている」とはどうも思えないのだ。次の休日が過去になって初めて「決まる」と考えるほうが自然である。時の流れとはそういうものだ。

よく、アニメや小説などでタイムマシンが登場する。そして、タイムマシンで未来に行くときは、その未来に絶望してから現在に戻り、現在の行動を変えることで未来を変えようとしたりする。これも、現在に軸があり、たとえ未来を見たとしても、その未来が決まったものであるとは考えないからこそ、描かれるストーリーである。タイムマシンで過去に行く場合も、現在の私たちが過去に行って、現在の視点で過去を感じ、過去を変え、それによって現在をより良いものにしようとする。すべての軸は現在にあるのだ。

私たちは未来が決まっていないと信じているから、今を精一杯生きることができる。未来が決まっていては、きっと意欲が湧かなくなってしまうだろう。アインシュタインの相対性理論や、理論上は存在すると言われているワームホールを使うことで時間移動は可能とも考えられている。しかし、相対性理論では、過去に行く方法は発見されていないから、たとえ未来に行くことができたとしても、浦島太郎のように一方通行だ。ワームホールはその存在が確認されていない。

もし、あなたの人生があらかじめ決まっていて、未来はすでに出来上がっているとしたら、あなたの未来はどのようなものだろうか？　そして、それを変えられるとしたら、どんなふうに変えたいだろうか？　そんな想像が、未来について考えるいいきっかけになるかもしれない。

23 ３００年ゲート

「一瞬」で大金がもらえる仕事

「おい、清田！　最高のアルバイトやらないか？　一瞬で３００万円もらえるんだぜ！」

「い、一瞬!?　高山、またまた何を言っているんだよ」

高山は完全に行動先行型の人間だ。考えるより前に体が動く。うまい話にはまず乗っかってから考えるのだ。

清田は、今回もまた先走って変な話に巻き込まれたのだろうと考えた。

「相変わらず変な話に巻き込まれるのが得意だな。一瞬で３００万円もらえるわけがないだろう？　だったらその３００万円見せてみろよ」

清田がそう言うと、高山は自身のカバンをテーブルの上に置いた。

「え？　まさか……」

「そのまさかだよ！」

高山はカバンを開けると、厚みのある封筒を取り出した。

封筒の中には３００万円が入っていたのだ。

「どんなアルバイトなんだ？」

「お、清田、乗ってきたな？　これ、本当に言葉の通りの一瞬なんだ。目の前にあるゲートを通過するだけなんだぜ」

「空港の金属探知機のゲートみたいな感じ？」

「そうそう！　本当にそれだけで、何もないんだ。それでポンって３００万円！」

高山の話を完全に信じたわけではなかったが、百聞は一見に如《し》かずと考え、見に行くことにした。高山に聞いた場所に行くと、派手なゲートを女性が1人通過したところだった。

「え？　本当にこれだけでいいんですか!?」

女性は満面の笑みで３００万円を受け取った。

「これ、本当に一瞬だぞ……？」

期待に胸を膨らませてアルバイトの説明を受けた清田は、とんでもない話を聞かされることになる。

「このゲートをくぐる瞬間、あなたは何もない異空間に飛ばされます。その空間ではあなたは1人で、何もすることはありません。ただそこにいていただきます。お腹はすきませんし、病気にもなりません。年も取りませんし死ぬこともありませんので安心です。そこで3000年過ごしてください。3000年が経過するとその間の記憶はすっかりなくなって現在のここに戻ってきます。健康状態も今のままです。ですから、ゲートをただくぐったように感じるのです」

「さ……3000年って、一生の30回分か。記憶はなくなるけれど、確かに3000年は存在する。体感としては一瞬で300万円と感じるのか？」

清田はアルバイトへの参加を悩み始めた。

このアルバイトに危険性はないものとして考えてほしい。

あなたなら、このアルバイトに参加するだろうか？

3000年ただ過ごすだけで300万円、ただし記憶は消される

解説

この思考実験は、菅原そうた氏による短編読み切り漫画「BUTTON A PART TIME JOB」を参考にしている。同漫画は「5億年ボタン」という名称でも有名な作品である。5億年ボタンでは、何もないところで5億年過ごすことで100万円を得ることができるという条件だった。細かな設定に違いはあるものの、「BUTTON A PART TIME JOB」のアルバイトの期間を3000年として、報酬を300万円としたものが、今回の思考実験である。

思考実験「3000年ゲート」で、清田は「記憶はなくなるけれど、確かに3000年は存在する。体感としては一瞬で300万円と感じるのか？」と言っている。この思考実験の選択を分ける要素がまさにこの言葉に表れている。アルバイトは一瞬なのか？ 3000年なのか？

もし、一瞬ならこんなにおいしい仕事はない。時給どころか瞬給300万円だ。何の苦痛もない。あなたがやることはゲートを通過するだけなのだから。一方で、アルバイトにかかる時間が3000年だとしたらどうだろうか。時給どころか年給に換算しても、たったの1000円だ。1年間何もないところでたった1人の時間を過ごして、やっと1000円を得る。1万円を得るために10年が必要だ。3000年というのは途方もなく長い。今から3000年前を考えると当然ながら紀元前だ。

著者がこの「3000年ゲート」の設定で200人にアンケートを行ったところ、「参加する」と答えた人が35人（17・5％）、「参加しない」と答えた人が165人（82・5％）という結果になった。5億年で100万円の設定でアンケートを実施した際は、9割弱の人が参加しない選択をしたので、参加する人が少し増えたが、年数をおよそ17分の1にして、アルバイト代を3倍にしたほどの差はなかった。参加する人は5億年でも参加するし、参加しない人にはまだまだアルバイトの時間が長すぎるのだろう。

このゲートをくぐると答えた17・5％の人の多くは、ゲートをくぐっただけで300万円を得られると感じる。そこに存在する3000年は大した問題にはならない。記憶が無くなることで、体感では一瞬で300万円を手にできるのだから、瞬給300万円なのだ。参加しない手はないだろう。

実際の意見は次のようなものだ。

・意外と我慢できるかもしれない。300万円は大金なので意欲も湧く。
・健康被害もなく記憶もないなら、そもそも何も無かったということだから。
・昨日の自分と今の自分は別人なので躊躇する理由がない。
・結果だけ見ると、何もせず300万円もらえるから。

ゲートをくぐる人の多くは、結果として300万円をもらうことができると捉え、300万円を受け取るために参加をする。「ただ300万円もらえるだけのアルバイトなんて夢みたい」と、受け取った300万円の使い方を想像する声もあった。他にも、3000年を生きるという未知の領域に興味を示す意見もあった。その記憶や体感は消えてしまうわけだが、それでも経験してみたいという好奇心で参加を決めたのだ。ついでに300万円を手にすることができると考えると悪くない条件であると思えたのだろう。

一方で多数（82・5％）を占めた、アルバイトに参加しない人たちの意見を見ていこう。参加しないと答えた人は、一瞬ではなく3000年で300万円と考えた。

・記憶が消されるとしても、その期間に苦痛を感じるのは他でもない自分だから。
・何もない空間に3000年いることが耐えられないから。
・3000年も暇なのは嫌だから。お金では代えられない。

3000年を過ごした後に記憶が消され、ゲートをくぐった直後の現在に戻ってくることができるとしても、3000年過ごすという事実が消えるわけではない。

3000年という期間は人間には生きることができない、とてつもなく長い期間である。もし、現在30歳なら、それを100周するイメージだ。そして、何もすることがなく、誰にも会うことができない。記憶が消され、健康状態も元に戻れるとはいえ、3000年の間は記憶があり、病気にはならないとはいえ、心の苦痛がどれほどのものなのかはわからない。3000年という時の長さに恐怖を感じるのは、あまりにも未知な領域だからだろう。

アンケートの回答を見ると、複数の人が頭の中で電卓をたたいていた。1年で1000円という数字に対して、割に合わないと考え、「参加しない」という決断をするのだ。これがアルバイトの期間が1年で、報酬が100万円なら選択を変える人が多数でてくるのかもしれない。

このアルバイトのゲートが目の前にあり、アルバイトの期間と報酬を交渉できるとしたら、あなたはどんな期間と金額を提示するだろうか？　想像してみると時間という当たり前の存在を違った角度で捉えることができて面白いのではないだろうか？

24
この隠ぺいはあり？
空飛ぶクルマ『スカイライト』

２０３５年、道路交通法の空中バージョンともいえる「飛行道路交通法」が施行され、免許を取得すれば誰でも空飛ぶクルマで出かけることができるようになった。

空飛ぶクルマを製造販売するソラノクルマ社は、大々的に売り出す社運を賭けた車、「スカイライト」の発売日を間近に控えていた。

他社をリードする高い安全性と運転音の静かさが大きな特徴だ。ソラノクルマ社は、現在までにスカイライトに莫大な広告宣伝費を投じている。

予約も殺到し、すでに10万台が完成して出荷を待っていた。

そんなある日、社長室に１人の社員が血相を変えて飛び込んできた。

品質管理部の相沢だ。

「社長！　大変です。試作機の部品ＴＡ９８Ｊの23番が紛失しています。ＴＡ９８Ｊはとんでもない欠陥品で、あれが使われたスカイライトは３０００～５０００キロの走行で落下します。おそらく、すでに出荷を待つ完成品の10万台のどれか1台に取り付けられてしまったのかと……！」

社長はすぐに相沢と副社長の平井と共に調べたところ、確かに部品は紛失していた。そして、その部品が10万台の中の1台に取り付けられていることはおそらく確かだった。

試作機の部品ＴＡ９８Ｊは、走行距離が３０００～５０００キロになるとなぜか致命的なエラーを起こし、車体を緊急停止させてしまう。落下すれば乗っている人は命を落とす可能性が高い。

相沢はすべての車をチェックすることを提案したが、取り付けられている位置を考えると、スカイライトのほとんどを解体する必要があった。

これには莫大な費用と、かなりの時間がかかる。

「これでは発売延期どころか一度発売を中止してやり直しになる。それに、こんな失態を演じては、スカイライトに負のイメージがついて売れなくなる。その間に、他社に先を越されてスカイライトの強みも活かせなくなる……！　勝負の車どころかスカイライトで倒産するかもしれんぞ！　どうにかならないのか！」

すると、副社長の平井がとんでもない提案をした。

「社長、今日のことは秘密にしましょう。試作機の部品が1つなくなっているなんて誰も知らなかったのです。事故後、公表して謝罪すればいい。事故にあった1人に対する賠償金を支払っても、秘密にしたほうが明らかに少額で済みます。大丈夫です。部品はこの1つ以外すべて保管されていますから、発売した10万台の車の回収は必要ありません」

相沢は耳を疑った。

「誰かが犠牲になってもいいのですか？」

副社長はさらに反論した。

「相沢君、空飛ぶクルマに限らずだが、車の事故はすでにあちこちで起こっている。事故はつきものだ。その点スカイライトは安全性が高い最新式だ。スカイライトを発売したほうが空の安全度が増すのだよ。社長、スカイライトは予定通り発売しましょう」


さて、あなたが社長ならどうするだろうか？

発売間近の空飛ぶ車、10万台のうち1台に重大な欠陥が！

解説

今、空飛ぶ車は世界中で開発競争が行われている。近い将来、世界の空は変わるのかもしれない。空飛ぶ車がとても便利で快適なら、急速に利用は広まっていくだろう。もしかしたら、そのうち一家に1台なんていう時代が来るのではないだろうか?

この思考実験は、そんな空飛ぶ車を題材にしている。自動車であれば、車にトラブルが起きて突然止まってしまっても、周囲に別の車がいなければ大事故になることはほぼないだろう。しかし、空飛ぶ車が突然停止したら、そのままではすまない。ヘリコプターが落下する場合と同様に、即、大事故になるだろう。

ところで、この思考実験に登場する空飛ぶ車スカイライトは、他社をリードする高い安全性と運転音の静かさが特徴だ。安全性でリードしているのだから、大事故を起こす確率は他の空飛ぶ車より低い設計になっている。

著者は、この思考実験について、200人にアンケートを行った。選択肢は次の2つだ。

選択肢1：発売中止や莫大な費用を覚悟のうえで、すべての車をチェックするため発売延期を発表する。

選択肢2：部品の紛失を知らなかったことにして、安全性の高い「スカイライト」を予定通り発売する。

その結果、181人（90・5％）が選択肢1を選択した。社運を賭けた車の発売中止の危険性があっても、未来に起こる可能性の高い1件の事故を防ぐという決断である。「人の命が何よりも大切だから」「わかっていて見逃すのであれば殺人と同じ」「道徳的に間違っている」などと、人の命が失われてしまうことに強い抵抗を示す意見が多かった。

また、「事故が起これば企業の社会的な信用が失われる」「隠したことはきっと明るみに出る。相沢が話してしまう可能性がある」など、会社の社会的信用が失われることに対する懸念を示す声も多数見られた。

時折ニュースになる企業の不祥事を見ると、隠ぺいが明るみに出たときの企業のダメージは計り知れないものがある。そのリスクを避ける選択肢であるともいえる。もし、確実にばれることはないという条件が加わったなら、選択を変える人も一定数いそうである。

その他に、次のような回答もあった。

・すべての車をチェックするのが企業としての在り方。
・一度隠ぺいすると会社組織の腐敗に繋がっていく。
・自分が社長なら罪悪感に耐えられない。精神的に参ってしまう。

一方で、19人（9・5％）が選択肢2の予定通り発売するほうを選んだ。この選択肢を選んだ人は、会社としての利益確保や事故の頻度を考えると、発売に踏み切ったほうがいいと考えた。次のような意見があった。

・各社の空飛ぶ車による他の事故に紛れて問題にならないと思う。
・欠陥品が出回っていることは、世界中、日常茶飯事だから。
・安全性で他社をリードしているから、事故を減らせる。

自動車の故障はどの車であれ起こることで、事故がスカイライトの欠陥と判断されないかもしれない。すでに3000～5000キロ走った車なのだから、どこかが故障して落下したのだろうと、あまり問題にならない可能性が高いのではと考える意見が複数あった。発売中止となれば莫大な損失を出してしまい、もしかするとそれが原因で企業の存続ができなくなる可能性だってある。それよりも、安全性で他社をリードするスカイライトを発売するほうがいいと判断したのだ。もしかしたら、高い安全性を誇るスカイライトに乗り換えたことで命を失わずに済む人が次々と現れるかもしれない。

自動車や薬など、人命に関わるデータの改ざんを指摘される企業は少なくない。決して許されることではないが、指摘されないままになっている改ざんされたデータも、明るみに出たもの以上に存在するのだろう。

もし、他社のものより高い安全性をほこるスカイライトによって10人の命が救われる未来が確定しているとしたら、スカイライトを発売しても問題はないだろうか？　あなたの線引きのルールがどこにあるかを、ぜひ想像してみてほしい。

25 夢が叶った世界

マルチバースの別な自分を想像する

あなたは画家になるという夢を持っていた。

子どもの頃から絵が好きで、描いた絵は独創的だと評価され、小学5年生のときに学校全体で参加した「タイヨウ絵画コンクール」で特別賞を獲得した。中学、高校と美術部に所属し、いくつかのコンクールで入賞を果たした。

「画家として食べていけるのは一握りの人だけ。はっきり言って運の要素もあると思う」

高校2年生の担任は真剣に向き合ってくれた。確かに、コンクールで優勝の経験はないし、芸術の世界で花を咲かせるのは至難の業だろう。

「絵は趣味で続ければいい。仕事をしながらでも夢は追えるんじゃない？」

自分を心配する親の言葉は納得できるものだった。確かにお金がないと夢を追うのも大変だから、仕事をしながら絵を描き続ければいい。

そして、あなたは美術大学への進学を考えたが、悩んだ末に理系の大学に進学し、卒業後に会社に勤め始めた。気が付けば絵を描くことから遠ざかっていた。今では会社でもそれなりのポジションに就き、それなりの社会人生活を送っている。

ある朝、あなたは一本の電話で目を覚ました。液晶画面には「新川」と表示されている。その苗字の知り合いはいないが、通話ボタンを押してみた。

「新川です。先生！　やりましたよ、先生の絵を国際ゲッコウ美術館の目玉として展示したいと！　さすが、現代と古代を融合させた新しい作風を築き上げた先生です！　世界からもさらに大注目ですよ！」

あなたは大いに混乱した。

しかし、新川の話を聞いていると人違いではないことがわかる。そして、自分が今いる部屋の様子がおかしい。明らかに描きかけの絵があり、それは確かに自分で描いている記憶があるのだ。なぜか、画家としての記憶がはっきりとある。よく思い出すと、長年一緒に仕事をしている人が新川という名前ということもわかった。

「まさか自分が画家としてこんなに成功しているなんて……」

数日して、あなたは理解した。

ここはもう一つの世界なのだ。それも、自分が画家になる夢を叶えた世界だった。

そして、なぜか元の世界に戻る方法を知っていることに気が付いた。3日後の夜、枕にこの布を巻いて寝れば、自分が会社員をしている世界に戻る。

どちらを選んでも世界は問題なく続いていく。ただ、自分の意識がどちらの世界にあるかの違いだけだ。選べるチャンスは一度だけ。さてどちらを選ぶだろうか？

画家となった世界にいた〝自分〟を気にする必要はないものとして考えてほしい。

「堅実に生きてきた自分」と「大きな夢を叶えた自分」

解説

思考実験「夢が叶った世界」は、マルチバースの世界観を物語にしたものだ。マルチバースとは、多元宇宙論のことで、今いる宇宙は無数にある宇宙の中の1つに過ぎないという考え方である。マルチバースの理論では、宇宙は今も無数に生まれているのだ。

アカデミー賞を受賞した『エブリシング・エブリウェア・オール・アット・ワンス』や、『スパイダーマン アクロス・ザ・スパイダーバース』など、マルチバースを舞台とした作品も増えてきている。どちらも異なる宇宙を主人公が行き来する壮大なスケールの映画だ。「夢が叶った世界」のあなたはいくつもの宇宙を行き来するわけではないが、別の宇宙にある地球に住む、もう1人のあなたに心が移った物語と捉えることができる。

著者が行った200人アンケートでは、「このまま画家としての世界を生きる」と答えた人が117人（58・5％）と多数派となった。元の世界に戻ると答えた人は83人（41・

5%）だった。

夢であった画家として成功しているもう1つの世界に大きな魅力を感じる人が多い結果となった。「好きなことで生きていくほうが楽しいから」「夢だったのだから、叶った世界のほうがいい」「もし画家としてダメになっても、会社員の経験があるから何とかなる」「未体験の世界で興味がある」「ベターな会社員よりもベストな画家の人生を取る」などと、夢を叶えた世界で生きることに希望を持ち、安定しなくても画家の世界を楽しみたいという思いを感じ取ることができた。

一方、元の世界に戻ると答えた人の中には、「元の世界を捨てることができない」「画家よりも安定した今の生活をしたい」などといった、堅実な生活を望む声があがった。また、「画家になる過程を経験していないので成功だけを取るのは良くない」という結果だけを取ることに嫌悪感を示す回答もあった。また、「元の世界に戻って絵を描き始める。才能は確実にある」と、再び画家を目指す意見も複数あった。頑張れば成功できるはずという思いと、画家としての記憶を元の世界に持ち帰ってやってみるのもよいのでは、というである。

元の世界に戻る人の多くは、自分はやはり元の世界の自分であるという思いがあり、また、今の自分が作った人間関係や経験値がある元の世界に安心感を持っている。画家の世界に突然飛び込むのには勇気が必要で、生活が変わってしまうことへの抵抗もあるだろう。

画家の世界を選ぶ人の中にも、元の世界で結婚して子供がいるなら元に戻るとする人や、3日の間に人間関係がどうなっているのかを確かめてから再度決断したいとする人もいた。人が心を別の場所に移すときに最も気にするものは、人生の中で築いてきた、かけがえのない人間関係なのだろう。


マルチバースは想像して楽しむためにできた話ではなく、物理学者の間で真剣に研究や議論が進められている仮説だ。そしてマルチバースには有力とされる2つの説が存在する。

1つめは、インフレーション理論から導き出されたマルチバースである。宇宙は誕生したときからすさまじいスピードで膨張を続けている。それに比べると、今私たちがいる宇宙は、膨張のスピードが穏やかになっているという。これは、宇宙全体の一部においてインフレーションが終了し、穏やかになったと考えることができる。宇宙全体の中に、膨張が穏やかになった宇宙が泡のようにたくさん存在しているのだ。私たちが暮らす宇宙はそんな無数にある泡の中の1つであるとする説である。

2つめの説は、量子力学から生まれた説である。ミクロの世界である量子力学をマクロな世界にも当てはめた多世界解釈と呼ばれるものだ。この解釈では、私たちの選択や決断によって世界が分岐していく。たとえば、うっかり電車を乗り過ごしてしまったとか、飲食店で数あるメニューの中からカルボナーラを選択したとか、一人暮らしを選んだとか、私たちが何かを選択したときや、選ばされてしまったときに世界は無数に分岐していく。

思考実験「夢が叶った世界」は、この多世界解釈から生まれた物語だ。あなたは悩んだ末に美大ではなく、理系の大学に進んだ。そして、そのときに美大を選択した世界も同時に生まれたのだ。そして、そちらの世界であなたは画家として成功していくことになった。

もし、マルチバースが本当に存在し、さらに、それらの世界を覗き見ることができるとしたら、いつのどの選択によって分岐した世界を見てみたいだろうか？　そして、分岐した世界に住むあなたはどんな人生を送っているのだろうか？

もしかしたら宇宙全体のどこかに、今とは違う夢を叶えた世界が存在するかもしれない。そう思うだけでも、大いに私たちの想像力を刺激してくれそうである。

イースト新書Q

Q094

もっとよくわかる思考実験《しこうじっけん》

北村良子《きたむらりょうこ》

2024年 8 月31日　初版第1刷発行

発行人　永田和泉

発行所　株式会社イースト・プレス
東京都千代田区神田神保町2-4-7
久月神田ビル　〒101-0051
tel.03-5213-4700　fax.03-5213-4701
https://www.eastpress.co.jp/

イラスト　ユア

ブックデザイン　福田和雄（FUKUDA DESIGN）

印刷所　中央精版印刷株式会社

ISBN978-4-7816-2342-9